W0233086

dtv
premium

Fritz R. Glunk

SCHATTEN MÄCHTE

Wie transnationale Netzwerke
die Regeln unserer Welt bestimmen

Ausführliche Informationen über
unsere Autoren und Bücher
www.dtv.de

Das Buch ist auch als eBook erhältlich.

Originalausgabe
© 2017 dtv Verlagsgesellschaft mbH & Co. KG, München
Das Werk ist urheberrechtlich geschützt. Sämtliche, auch auszugsweise
Verwertungen bleiben vorbehalten.
Umschlaggestaltung: Isabella Grill / dtv
Satz: Fotosatz Amann, Memmingen
Gesetzt aus der Scala
Druck und Bindung: CPI – Ebner & Spiegel, Ulm
Gedruckt auf säurefreiem, chlorfrei gebleichtem Papier
Printed in Germany • ISBN 978-3-423-26175-3

Inhalt

Vorwort

Es ist in der Tat bemerkenswert: Mittlerweile seit Jahrzehnten schon, eigentlich seit dem Tag des Mauerfalls, seit der nachfolgenden Implosion des Staatssozialismus und dem parallelen Siegeszug der postkommunistischen Globalisierung, bekommt man aus allen Richtungen und auf sämtlichen Kanälen zu hören, dass der Staat auf dem Rückzug, in der Krise, ja am Ende sei. Wenn die gute alte Staatsgewalt nicht nur für das Feuilleton abgedankt hat, sondern selbst die Politikwissenschaft – seit ihren Anfängen angeblich eine Demokratie-, eigentlich aber vielmehr eine Staatswissenschaft – ihren Gegenstand wahlweise als ausgehöhlt oder amputiert, die Staatsgewalt als hilf- und machtlos beschreibt, dann muss es ja wohl stimmen.

Und doch konnte man sich all die Zeit über ja irgendwie des Eindrucks nicht erwehren, dass der Staat so ein toter Hund doch nicht sein kann, wie es die wissenschaftlich-medialen Fleischbeschauer behaupteten. Irgendwie schien er ja doch noch ziemlich lebendig zu sein: Er vermochte weitreichende Reformagenden umzusetzen und Sozialstaatsumbauten voranzutreiben, seine Bürger/innen engmaschig zu kontrollieren und die nationalen Grenzen militärisch gegen Einwanderung – jedenfalls gegen die falsche – zu bewehren.

Vor allem vermochte er offenbar immer wieder von Neuem zu entscheiden, was zu regulieren und was zu deregulieren war, wo er steuernd eingreifen zu müssen und wo er auf entsprechendes Handeln verzichten zu sollen meinte.

Wer immer schon an der lockeren Rede vom »Abschied des Staates« zweifelte, wird sich durch Fritz R. Glunks ›Schattenmächte‹ in diesen Zweifeln bestärkt und bestätigt fühlen. Nicht der Staat dankt ab, sondern die Demokratie verabschiedet sich. Sie verabschiedet sich durch die Hintertüre – in die weltweiten Hinterzimmer der transnationalen Regime. In diesen verschmelzen staatliche Behörden und privatwirtschaftliche Normgeber zu Ersatz- und Parallelregierungen für all jene Belange, für die der Staat sich selbst nicht oder nicht mehr in Eigenregie zuständig erklären möchte. Oder genauer: Für all jene Belange, die die Exekutive der Kenntnisnahme, Beratung und Entscheidung durch die Legislative vorenthalten möchte.

Kaum je ist dieser Prozess der wirtschafts- und wachstums-, output- und profitabilitätsgetriebenen Entmachtung der parlamentarischen Demokratie durch ihre »eigene« Exekutive so punktgenau und scharfsinnig dargelegt worden wie in diesem Buch. Es schildert einen Prozess, der sich weitgehend jenseits der öffentlichen Aufmerksamkeit, im Schutz undurchsichtiger Akteursnetzwerke und unter dem Deckmantel undurchdringbarer Organisationskürzel abspielt. Ein Prozess, der nur schwer zu durchschauen ist – den aber viele auch nicht wirklich meinen durchschauen zu müssen, wenn und solange er denn der Wahrheitsfindung dient: also der Stabilisierung jener produktivistisch-konsumistischen Wohlstandswelt, welche die »reichen Demokratien« des Westens ihr Eigen nennen.

Und doch malt Fritz Glunk nicht nur schwarz. Denn er würde sich die Mühe der Recherche, Analyse und Kritik nicht machen, wenn es ihm nicht darum ginge, in die gesellschaftliche Aufmerksamkeitsökonomie des transnationalen Regimezeitalters einzugreifen. Und darauf hinzuweisen, dass die schleichende Entdemokratisierung der spätmodernen Verhältnisse nicht das letzte Wort sein muss. Das »Kaleidoskop des Unbehagens« (wunderbare Formulierung), in das uns der Autor am Ende dieses Buches blicken lässt, zeugt von der offenkundig um sich greifenden »Befürchtung, die Wohlstandsmehrung werde zu teuer erkauft, wenn dabei die Schönheit des Lebens verlorengeht«. Die Schönheit des gesellschaftlichen Lebens, die auf den Namen Demokratie hört.

Das schöne Leben aber, auch daran erinnert dieses Buch, fällt weder vom Himmel noch uns in den Schoß. Man muss es schon wollen. Franz Kafka, immer für eine scheinbar depressive Lebensbotschaft gut, wird von Fritz Glunk – wie so vieles andere auch – ins rechte Licht gerückt, als Meister der nüchternen Beobachtung einer verkehrten Welt. »Der Mann, der in Kafkas Parabel jahrelang untätig ›Vor dem Gesetz‹ sitzt und auf Einlass wartet, ist wie ein Abbild unserer resignierenden Gesellschaft. Als es zu spät ist und die Tür geschlossen wird, sagt man dem Mann, er hätte nur aufstehen und hineingehen müssen. Die Tür war für ihn bestimmt.« So ist es wohl: Die Tür steht uns offen. Wir müssen nur hindurchgehen – und die Laufrichtung ändern.

Stephan Lessenich

Demokratie? Schon, aber welche?

Viele Wege führen am Parlament vorbei. Kleine Gruppen treffen sich, besprechen Dinge, nicken sich zu und beschließen etwas. Ein oft fotografiertes Treffen dieser Art (in und außerhalb von verbreiterten Strandkörben) ist die G20, die Gruppe der Regierungschefs der stärksten Volkswirtschaften. Niemand hat sie beauftragt, irgendwelche Beschlüsse zu fassen. Genaugenommen ist sie also eine eher lose Verabredung, ein netter Plausch. Aber ganz so unverbindlich ist die G20 nun auch wieder nicht; sie hat immerhin ökonomisches Gewicht. Dieses Gewicht ist so groß, dass sogar das gewählte EU-Parlament kritische Distanz aufgibt und die Gruppe mit dem Öl politischer »Legitimität« salbt[1]: »Die G20«, wird uns gesagt, »ist zwar nur ein informelles Forum, dem eine offizielle Organisationsstruktur fehlt, aber sie repräsentiert etwa 90 Prozent des globalen Bruttoinlandsprodukts, 80 Prozent des globalen Handels und annähernd zwei Drittel der Weltbevölkerung. Sie erlangt deshalb Legitimität durch das Gewicht ihrer Wirtschaft.« Die G20 als legitime Herrschaft, weil sie so ungeheuer viel produziert? Eine befremdliche Herleitung von Legitimität.[2]

Andere Gruppen sind bei weitem nicht so fotogen (zum Beispiel die Organisation für wirtschaftliche Zusammenarbeit und Entwicklung, OECD). Und von den allermeisten hat die Öffentlichkeit überhaupt noch nie gehört (etwa vom Finanzkonglomerateausschuss EFCC). Wie viele Gruppen dieser Art insgesamt in der Welt sind und weltweit Regeln setzen, weiß keiner; es sollen, schätzt ein britisches Handbuch[3], mehr als zweitausend sein: »Heute ist fast jede Tätigkeit von Menschen in der einen oder anderen Form der globalen Regulierung unterworfen. Waren und Aktivitäten, die außerhalb der wirksamen Kontrolle irgendeines Staates liegen, sind in nahezu allen Fällen auf der globalen Ebene reguliert. Globale Regulierungen decken ein unermessliches Feld verschiedener Inhalte ab, darunter die Erhaltung von Waldflächen, die Überwachung der Hochseefischerei, den Umweltschutz, die Rüstungskontrolle, Nahrungsmittel-Sicherheit und -Standardisierung, die Verwaltung des Internet, die Regulierung von Pharmazeutika, den Urheberrechtsschutz, den Schutz von Flüchtlingen, Kaffee- und Kakao-Standards, die Arbeitsgesetzgebung, das Kartellrecht – um nur einige wenige zu nennen. (...) Ein neuartiger regulatorischer Raum tut sich hier auf, der nichts mehr mit zwischenstaatlichen Vereinbarungen zu tun hat und den Einflussbereich sowohl des Völkerrechts wie des nationalen Rechts hinter sich zurückgelassen hat.«

Niemand kennt alle diese seltsamen Regulierungsorgane, auch nicht die EU, wie sie auf Anfrage offen zugibt. Auf die einfachere Nachfrage, mit welchen Gruppen die EU denn zusammenarbeite, verweigert Brüssel eine Antwort.

»Was alle angeht«

Ein wesentlicher Ausgangspunkt der Demokratie ist älter, als man meinen möchte. Er ist im Codex Justitianus zu finden, der römischen Gesetzgebung, die Anfang des 6. Jahrhunderts in Kraft trat. Der entscheidende Satz dort lautet: »Was alle angeht, soll von allen gebilligt werden.« (Quod omnes tangit, ab omnibus approbetur.) Die Bedeutung des Satzes ist kaum umstritten; allenfalls »approbare« könnte sowohl »gutheißen«, »billigen« oder, stärker demokratisch gewendet, »zustimmen« bedeuten. Und neben der obigen Formulierung kennen wir auch noch die Version mit »debet approbari«, also »muss zugestimmt werden«.[4]

Es ist richtig, dass dieser Grundsatz sich nicht dazu eignet, nun einfach eine frühe Volkssouveränität auszurufen. Er war anfangs nur dazu gedacht, in Fällen gemeinschaftlicher Vormundschaft bestimmte Verhandlungsformen zu regeln, und war insoweit nicht einmal justiziabel. Es war also mit »omnes« – und zwar das gesamte Mittelalter hindurch – nicht etwa ein regiertes Volk gemeint, sondern immer nur eine Gruppe von Personen, die gemeinsam etwas besaßen oder innehatten.

Das hinderte jedoch keineswegs die weitere Karriere des »Quod omnes«, ganz im Gegenteil. Nach dem Zerfall des Römischen Reiches entstanden in Europa allmählich wieder Verwaltungssysteme, allen voran eines, in dem man eine solche Konsens-Forderung nicht sofort vermuten würde: die Katholische Kirche. Belege für die Geltung des Grundsatzes sind ja nicht nur die zahlreichen Konzile des frühen Mittelalters, die oft extrem streitig verlaufen konnten, sondern auch etwa der antirömische »Kirchensteuerstreik« der englischen Bischöfe.

Vermutlich durch Papst Bonifaz VIII. gelangte das »Quod omnes« sogar ins Kirchenrecht. Schließlich gab es ja auch eine bemerkenswerte Stelle im Alten Testament (I, Könige 21), wo ein Untertan unter Berufung auf geltendes Recht sich weigert, dem König seinen Weinberg zu verkaufen: »Das lasse der Herr fern von mir sein, dass ich dir meiner Väter Erbe sollte geben!«

Das gesamte Mittelalter hindurch finden wir das »Quod omnes« in wörtlicher Anwendung: etwa wenn Kaiser Friedrich II. selbst ein Konzil in Verona versammelt; oder wenn Eduard I. von England 1295 sein Parlament einberuft. Die Philosophie des Hochmittelalters befasste sich bereits mit den politischen Konsequenzen des Prinzips: Beispiele dafür sind Marsilius von Padua, der eine Regierungsmacht nur durch eine allgemeine Wahl gerechtfertigt ansah, nicht etwa durch Tugend oder Weisheit des Herrschers. Oder Wilhelm von Ockam, der die Legitimität einer Regierung nur anerkannte, wenn sie auf Zustimmung beruhte, denn »von Natur aus sind alle Sterblichen frei geboren und niemandem untergeben« und »nur durch einen ausdrücklichen Willensakt darf man sich der Herrschaft eines anderen unterwerfen«. Später zitierte auch Bartolomeo de las Casas das »Quod omnes«, als er die Versklavung der südamerikanischen Indianer durch die Spanier verurteilte. Diese und andere Stellen bilden frühe Belege einer Traditionskette, die heraufreicht bis zur Entstehung des europäischen Staatssystems, bis zur Wiederentdeckung der Demokratie und der Einrichtung von Parlamenten.

So ein Anfang ließ hoffen.

Mehr oder weniger Demokratie

Wenn man den Grundsatz allerdings in der Gegenwart auffinden wollte, ist die jüngste Entwicklung im Westen eher beunruhigend. In der Überzeugung der Öffentlichkeit haben wir immer noch – wenn auch in gewissen Varianten – eine klassische parlamentarische Demokratie: Geplante Regierungsmaßnahmen werden ausgiebig diskutiert, erst in den Parteien und den Medien, dann als Vorlage im Parlament, das dem Gesetz Legitimität und Akzeptanz verleiht. Die Abgeordneten sind vor ihren Wählern, ja vor dem ganzen deutschen Volk, das sie vertreten (Art. 38 Grundgesetz), persönlich verantwortlich. Man muss kein Zyniker sein, um diese Auffassung ein wenig naiv zu finden.[5]

Was wir stattdessen sehen, ist dies: Die Wählerschaft identifiziert sich mit einer Person pro Partei, der »Spitzenkandidatin« oder dem »Spitzenkandidaten« (nicht mehr mit der Partei selbst); diese Person ist dann erfolgreich, wenn sie und ihr Image in den Medien als »erfolgversprechend«, als »Gewinner« wahrgenommen werden; zwischen den Bewerbern um das höchste Staatsamt finden (im Fernsehen) sogenannte »Duelle« statt; ein Parteiprogramm wird für das »Politainment« nicht benötigt, es wird von den Wählern kaum gelesen und wandert am Wahlabend ins Archiv. Dann geht die Regierung an die Arbeit und will dabei nicht gestört werden.

Die passive Haltung des Politik-Konsumenten wäre an sich schon genug Anlass zur Sorge um so etwas wie das Gemeinwohl. Was aber, wenn er gar nicht mehr wählen geht (obwohl doch das »Duell« so spannend war)?

Der allgemeine Rückgang der Beteiligung an den deutschen Bundestagswahlen ist bekannt (das Wahlvolk schaffte 2013 mit 71,5 Prozent ein Rekordtief: die niedrigste Wahlbeteiligung seit 1949, nach 91,1 Prozent im Jahr 1972). Dieselbe »gleichgültige bis ablehnende Haltung«[6] lässt sich in fast allen 28 EU-Mitgliedsstaaten bei den Wahlen zum Europaparlament beobachten. Nur in sieben Ländern (Belgien, Dänemark, England, Luxemburg, Schweden, Estland und Polen) erhöhte sich die Wahlbeteiligung oder blieb etwa dieselbe; in allen anderen Ländern sank sie, zum Teil auf geradezu lächerliche Werte wie in der Tschechischen Republik (18 Prozent); auch die Erhöhung in Polen (von 21 auf 24 Prozent zwischen 2004 und 2014) ist nicht gerade eine Blüte der demokratischen Mitbestimmungsfreude. Was an diesem Rückgang insgesamt besorgniserregend ist: Das EU-Parlament konnte im Lauf seiner Existenz immer mehr Kompetenzen erringen, und trotzdem ging die Wahlbeteiligung kontinuierlich zurück (von 62 Prozent im Jahr 1979, als die EU noch neun Länder umfasste, auf 43 Prozent in der 28er-EU 2014).

Unter verlegenem Händeringen ist dann jedes Mal eine Zeitlang die Rede von nicht so guter »Kommunikation«, von »Vertrauensverlust« oder »soziografischen Verwerfungen«, bevor sich wieder das bequemere Schweigen breitmacht. Weithin unbeobachtet bleibt dabei etwas noch Beunruhigenderes am Verfall des politischen Engagements: Es sind speziell die Modernisierungsverlierer, die nicht mehr zur Wahl gehen. Das heißt: Die Armen wählen nicht. Der ungute Befund ist belegt:

»Für die deutschen Verhältnisse hat der Politikwissenschaftler Armin Schäfer vom Kölner Max-Planck-Institut für Gesellschaftsforschung die extrem klassenselektiven Resultate jüngerer Wahlen anhand der Stadt Köln untersucht. Die Ergebnisse sind alarmierend: Während in wohlhabenderen Wohngebieten 90% der Wähler von ihrem Wahlrecht Gebrauch machen, sind es in den ärmeren Vierteln teilweise nur noch 40%. (...) Darin drückt sich eine fundamentale Umwälzung in der politischen Erwartungsstruktur aus. Die untere Klasse der Gesellschaft fühlt sich und ihre Interessen nicht mehr von den Institutionen des demokratischen Verfassungsstaates repräsentiert.« Was sich daraus ergibt, ist ein Bild wie in »vordemokratischen und frühindustriellen Gesellschaften«.[7]

Auch an Volksabstimmungen in Bremen und in Bayern lässt sich das belegen: Die bildungsfernen Schichten, in deren Interesse ein bestimmtes Ergebnis gelegen hätte, gaben erst gar nicht ihre Stimme ab, so dass das von ihnen Nicht-Erwünschte (eine Schulreform zu ihren Ungunsten in Bremen, ein öffentliches Rauchverbot in Bayern) zustande kam. Das sind keine »Volksabstimmungen« mehr, sondern sie ergeben nur noch »klassenselektive Resultate«.[8] Man könnte sich, wenn das fortschreitet, die Mühe sparen, in den »Armenrandgebieten« (den »Glasscherbenvierteln«) überhaupt noch wählen zu lassen, und gleich die Meinung der Besserverdienenden zur Grundlage nehmen.

Was für eine Art Demokratie haben wir also im Land? Keine »direkte«, so viel ist auf den ersten Blick klar: Das Volk, das hier entscheiden soll, ist zu zahlreich, um sich noch auf einem Marktplatz zu versammeln wie in Schweizer Gemeinden, und Volksabstimmungen im Bund sind gesetzlich nicht vorgesehen. Sicher haben wir auch keine »deliberativ« zu nennende Demokratie, in der also jede politische Entscheidung in einer vorparlamentarischen Phase und dann erst recht von unseren Repräsentanten im Parlament öffentlich diskutiert würde; zu vieles ist angeblich zu kompliziert geworden, als dass sich Laien (Abgeordnete inbegriffen) damit befassen sollten.

Haben wir außerdem vielleicht zu viele Hoheitsrechte an Europa übergeben? Als einer von vielen ist der konservative Staatsrechtler Rupert Scholz dieser Meinung: »Die Parlamente der EU-Staaten werden immer mehr entmachtet. (...) Angesichts dessen sprechen viele schon davon, dass das Prinzip der nationalen demokratischen Volkssouveränität, wie es auch im Grundgesetz als eigentlich unveränderbar garantiert ist, ein Relikt von gestern sei.«[9]

Es gibt Gegenstimmen. Am 1. September 2011 skizzierte Bundeskanzlerin Merkel in einer Pressekonferenz etwas unbeholfen, aber deutlich den Umbau der bisherigen Staatsverfassung: »Wir leben ja in einer Demokratie, und das ist eine parlamentarische Demokratie, und deshalb ist das Budgetrecht ein Kernrecht des Parlaments, und insofern werden wir Wege finden, wie die parlamentarische Mitbestimmung so gestaltet wird, dass sie trotzdem auch marktkonform ist, so dass sich auf den Märkten die entsprechenden Signale ergeben.« Die Aussage wird schon nicht mehr als skandalös empfunden. Aber wie auch immer sie gemeint sein mag, sie ist unter zwei Aspekten abenteuerlich: Erstens ist das von Merkel selbst als »Kernrecht« bezeichnete Budgetrecht keine »Mitbestimmung«, da nach der Verfassung das Parlament allein darüber entscheidet; und zweitens: Was treibt die Bundeskanzlerin dazu, hier »insofern« (was heißt hier bitte »insofern«?) plötzlich »Wege finden« zu wollen, dieses Recht des Parlaments »marktkonform« zu »gestalten«? Wer zwingt sie zu so einer Umgestaltung, wer hat ein Interesse daran? Es sieht ganz danach aus, als sollte hier – auch das verräterische »trotzdem« weist in diese Richtung – den »Märkten« zuliebe das parlamentarische Budgetrecht eingeschränkt werden. Wie soll das überhaupt gehen, ohne gegen die Verfassung zu verstoßen? Dieses Königsrecht des Parlaments ist der Wirtschaft (»den

Märkten«) und der Bundeskanzlerin offenbar irgendwie im Weg. Angela Merkel ist bei dieser Äußerung sicher nicht mit dem Grundgesetz unter dem Arm herumgelaufen.

Die Schumpeter-Demokratie

Wenn wir also keine dieser Demokratieformen haben (auch, Gott behüte, noch keine »marktkonforme« Demokratie), welche haben wir dann?

Den 1950 verstorbenen österreichischen Wirtschaftspolitiker Joseph Alois Schumpeter kann so gut wie jeder konservative Ökonom zitieren, aber immer nur die eine Stelle, die mit der »schöpferischen Zerstörung«, die sei im Kapitalismus nun einmal unabänderlich. Dabei war Schumpeter den Ökonomen nicht bedingungslos wohlgesinnt, etwa wenn er Politiker mit Kaufleuten gleichsetzt: »›Was die Geschäftsleute nicht verstehen, ist, daß ich genau so mit Stimmen handle, wie sie mit Öl handeln‹. Wer diesen Ausspruch, der einem der erfolgreichsten Politiker, der je gelebt hat, zugeschrieben wird, nicht so in sich aufgenommen hat, daß er ihn zeitlebens nicht mehr vergißt, steckt politisch noch in den Kinderschuhen.«[10] Er fügt in einer Fußnote hinzu: »Eine derartige Ansicht wird manchmal als frivol oder zynisch mißbilligt. Ich finde es im Gegenteil frivol und zynisch, Schlagwörtern Lippendienste zu leisten, für die man privat nur ein Augurenlächeln übrig hat.«

Außer dem Vergleich zwischen Ölgeschäften und Wahlstimmenhandel hätte Schumpeter aber zu sehr vielen anderen Gegenständen Bedenkenswertes zu erzählen, wie schon der Titel seines maßgeblichen Buches ›Kapitalismus, Sozialismus und Demokratie‹ verspricht. Weit vorausschauend (das Buch ist in englischer Sprache 1942 erschienen) schreibt Schumpeter dort: »Die klassische Theorie (...) hat, wie wir gesehen haben, der Wählerschaft ein völlig wirklichkeitsfremdes Ausmaß von Initiative beigelegt, was praktisch auf ein Ignorieren der Führung herauskam. Kollektive handeln jedoch beinahe ausschließlich dadurch, dass sie eine Führung akzeptieren.«[11] Mag einer diese Stelle noch als stark unter dem Einfluss der autoritären Staaten der Zeit sehen, so spricht Schumpeter über demokratische Wahlen doch in bester demokratischer Absicht. Die »Hauptfunktion der Stimmabgabe des Wählers« ist, sagt er, »eine Regierung hervorzubringen«. Völlig rein findet er das Prinzip in den USA verwirklicht; alle anderen Demokratien schaffen nicht unmittelbar einen Regierungschef, sondern durch ein »Zwischenorgan«, »Parlament genannt«, das nun seinerseits die Regierung hervorbringen muss. Das trifft auch auf die Institutionen in der Bundesrepublik zu.

Noch Entscheidenderes sagt der Autor nun aber über die Parteien aus, die sich zu dieser Wahl aufstellen. Wieder wird die »klassische Lehre« bemüht (immer wenn man etwas als überholt bezeichnen, »überholt« aber nicht sagen möchte, bieten sich auch heute die Eigenschaftswörter »konventionell«, »traditionell« oder »klassisch« an). Die »klassische« Lehre machte uns weis, Parteien seien Gruppen von Menschen, die das allgemeine Wohl fördern wollen »auf Grund eines Prinzips, über das sich alle einig sind«. Diese Vermutung sei verlockend, also gefährlich. Dann kommt die hier entscheidende Stelle: »Denn alle Parteien werden sich natürlich jederzeit mit einem Vorrat von Prinzipien oder Rettungsplanken versehen, und diese Prinzipien oder Planken können ebenso charakteristisch für die Partei, die sie annimmt, und ebenso wichtig für ihren Erfolg sein, wie die Warenzeichen der Artikel, die ein Warenhaus verkauft, für dieses charakteristisch und für seinen Erfolg wichtig sind. Aber ein Warenhaus kann nicht durch seine Warenzeichen und eine Partei nicht durch ihre Prinzipien definiert werden. Eine Partei ist eine Gruppe, deren Mitglieder willens sind, im Konkurrenzkampf um die politische Macht in Übereinstimmung miteinander zu handeln. (...) Parteipolitiker und Parteimaschinen sind nur die Antwort auf die Tatsache. dass die Wählermasse keiner anderen Handlung als der Panik fähig ist, und sie bilden einen Versuch, den politischen Konkurrenzkampf genau gleich wie die entsprechenden Praktiken eines Wirtschaftsverbandes zu regulieren. Die Psychotechnik der Parteileitung und der Parteireklame, der Schlagworte und der Marschmusik ist kein bloßes Beiwerk. Sie gehören zum Wesen der Politik.«[12]

Unter den Demokratietheorien ist diese möglicherweise nicht die angesehenste, besonders deshalb nicht, weil man ungern einen solchen Spiegel vorgehalten bekommt. Denn man hat bei der Lektüre heute den Eindruck, als würde die Gegenwart beschrieben (wir brauchen nur die »Marschmusik« durch »When the saints go marching in« bei einem SPD-Parteitag zu ersetzen). Es fehlen höchstens noch die Sound- und Light-Profis.

Der springende Punkt ist jedoch die Gleichsetzung von wirtschaftlichem Wettbewerb und politischer Konkurrenz, genauer: die Prägung der Politik durch die Wirtschaft (und nie umgekehrt). Die entscheidenden Ähnlichkeiten liegen in jedem Wahlkampf zutage. Beide, Unternehmen und Parteien, bewegen sich auf einem Markt (die einen auf dem Waren-, die anderen auf dem Meinungsmarkt); Strategieberater, PR-Manager und Kommunikationsexperten arbeiten mal für ein Unternehmen, mal für eine Partei, ohne die Instrumente wechseln zu müssen; Waren und ebenso Parteien haben, immer wieder wörtlich, »Markenkerne« und »Alleinstellungsmerkmale«; man kauft und wählt lieber das »Original« als die »Kopie«; die Anzahl der Käufer und der Wähler sind das jeweils ausschlaggebende Maß der verfügbaren Macht.

Für den Wähler bedeutet diese »Wettbewerbsdemokratie« wenig Gutes. Er erwartet, nur noch Objekt der Wahlkampfansprache zu sein, kaum noch, dass die Partei, die er wählt, ihr sogenanntes Programm realisiert; besonders dann nicht, wenn die Partei eine absolute Stimmenmehrheit errungen hat, die Regierung also auf niemanden mehr hören muss; in den meisten anderen Fällen kann er nur auf einen Koalitionsvertrag hoffen. Insgesamt aber bleibt es dabei, dass eine Partei, etwa eine angebliche »Partei der Gerechtigkeit«, keine »Werterealisierungsinstanz« mehr ist, sondern eine Maschinerie zur Eroberung von Machtpositionen. Zwar setzt sich ein neues Parlament zusammen, aber mit der Wahl des Führungspersonals (der Kanzlerin) ist sein tatsächlicher politischer Einfluss fast erschöpft.

Die Frage also, was für eine Demokratie wir haben, beantwortet sich unerfreulich so: Wir haben eine Schumpeter-Demokratie.

Was tut der Wind, wenn er nicht weht?

Was tut eine Partei nach dem Wahlkampf? Sie verteilt dann in Vororten keine Rosen mehr, auf Wochenmärkten keine Kugelschreiber und Luftballons, keine Flyer und Broschüren. Ihre Ortsverbände ziehen sich wieder in die Hinterzimmer von Gasthäusern zurück, klopfen sich auf die Schulter oder sprechen sich Mut zu.[13] Die Häuptlinge nehmen die errungenen Positionen ein. Öffentlich macht sich die große Beruhigung breit. Der Wahlkampf, eine plötzliche Bö, hat kurz die Wasseroberfläche gekräuselt, aber bald liegt sie still und unbewegt wie vorher da.

Man kann sich ein anspruchsvolleres Politikmodell vorstellen: »Danach erschöpft sich Demokratie nicht in periodischen Wahlen. Diese können ihre Funktion vielmehr nur erfüllen, wenn sie in einem permanenten Prozess der Meinungsbildung und Interessenartikulation eingebettet sind.«[14] Die grundlegende Forderung geht noch darüber hinaus: Damit Wahlergebnisse überhaupt aussagefähig werden, müssten die Wählenden zuallererst, wenigstens annähernd, die Gesamtheit der Bevölkerung abbilden. Andernfalls entsteht allmählich ein »oligarchisch-postdemokratisches Regime«,[15] in dem das Projekt der politischen Selbstbestimmung aufgegeben ist (an das ein abgehängtes Prekariat schon länger nicht mehr glaubt und sich am Lauf der Dinge nicht mehr beteiligt, jedenfalls nicht durch Wahlen).

Zweitens erfordert eine funktionierende Demokratie den andauernden und ungehinderten Prozess der öffentlichen Meinungsbildung: eine Diskussion, die »auf Vermittlung durch Parteien, Assoziationen und Medien angewiesen ist, die den Kontakt zwischen Regierenden und Regierten auch zwischen den Wahlen aufrechterhalten«.[16] Nimmt man diese Forderung ernst, wird Unangenehmes sichtbar: Die Exekutive diskutiert ihre Projekte nicht, sie verteidigt sie gegen Widerstände, mit allen Mitteln und in der Not mit dem autoritären Hinweis darauf, es gebe keine Alternative. Abweichende Bewertungen aus dem Wahlvolk werden als Angst, Stimmung oder »Hysterie« beiseitegefegt.

Diese Verachtung des Souveräns kann sich nur eine, wie man sagt, »führungsstarke« Regierung leisten. Was aber macht sie so »führungsstark«? Die beste Antwort liegt in der oben erwähnten Legitimität, die das EU-Parlament definiert hat: Es ist das »wirtschaftliche Gewicht«, das den 20 stärksten Regierungen der Welt ihre einschüchternde Macht gibt. Sie produzieren fast das gesamte globale Warenangebot – wer wollte diesen Kolossen widersprechen? Wer wagt da noch, die Verlogenheit der Behauptung zu denunzieren, was gut für die Wirtschaft sei, sei auch gut für die Menschen?[17] Ihnen die Zerstörung des Planeten vorzuhalten, wenn sie jährlich ihr Gelübde für ein immerwährendes und »robustes« Wirtschaftswachstum erneuern und geloben, allen anderen Politik-Versuchungen »zu widerstehen«?

Immer wieder antwortet die Wirtschaft ihren Kritikern, »die Wirtschaft« gebe es doch gar nicht, nur Produzenten und Konsumenten. Nimmt man das einmal beim Wort, dann stellt sich die Frage: Wer sind eigentlich die Akteure der Regulierung, mit denen die Regierungen so marktgerecht zusammenarbeiten?

Die Personen der Handlung

An dieser Stelle ist eine Definitionsschwierigkeit zu bekennen. Die hier global tätigen Gruppen sind in Form, Gestalt und Sichtbarkeit so vielförmig, unbeständig, form- und ortlos, dass sie sich einer verlässlichen Definition zu entziehen scheinen. Wir erinnern uns, dass die EU selbst nur Beispiele solcher Gruppen nennen kann, aber keine Liste besitzt, schon gar keine abschließende Aufzählung oder gar eine Begriffsbestimmung.

Einen Versuch einer allgemeinen Definition hat die EU-Kommission einmal bei den Verhandlungen zum Freihandelsabkommen TTIP unternommen. Im Kapitel der »Regulatorischen Zusammenarbeit« schlug sie folgende Beschreibung vor: »internationale Körperschaften oder Foren, (...) die Erfordernisse oder dazugehörige Verfahren, Empfehlungen oder Richtlinien zum Angebot oder dem Gebrauch einer Dienstleistung, z. B. Genehmigung, Zulassung, Qualifizierung, oder zu den Merkmalen oder dazugehörigen Produktionsmethoden, der Präsentation oder dem Gebrauch einer Ware zur Verfügung stellen«.[18] Der Formulierung »Körperschaften oder Foren« (engl. »bodies or fora«) steht die definitorische Unsicherheit auf der Stirn. Die Unklarheit ist zweifellos gewollt, um möglichst viele Fälle darin einzusammeln.

Haben diese »bodies« überhaupt einen allgemeinen Gattungsnamen, unter dem man sie zusammenfassen könnte? Nein. Die fehlende Benennung ist schon in der unpräzisen Doppelnennung »bodies or fora« zu hören.

Auf die einzelnen Gruppen und ihre Eigennamen hin gesehen: Während »Körperschaft« ein so abgehobener Ausdruck ist, dass keine Gruppe dieses Wort im eigenen Namen verwenden würde, klingt »Foren« geradezu basisdemokratisch, so als gingen wir diskutierend auf dem Forum der jungen römischen Republik spazieren. Die Gruppen geben sich also andere, viele und vielfältige Eigennamen. Kurz einige Beispiele aus den geschätzten zweitausend:

Eine natürlich nur Spezialisten bekannte Regulierungsgruppe ist das »International Medical Device Regulators Forum« (IMDRF). Das IMDRF ist die Nachfolgeorganisation der »Global Harmonization Task Force« (GHTF). Mitglieder des Forums sind die Regulierungsbehörden für Medizingeräte von Australien, Brasilien, China, der EU, von Kanada, Japan und Russland sowie – als Beobachter – die WHO, die Asiatisch-Pazifische Wirtschaftsgemeinschaft (APEC), die Asian Harmonization Working Party (AHWP) und die Pan American Health Organization (PAHO). Das IMDRF trifft sich zweimal jährlich, im Frühjahr und im Herbst, an wechselnden Orten (Deutschland ist darin durch das Referat 119 »Medizinproduktesicherheit« des Gesundheitsministeriums vertreten). Der Vorsitz und mit ihm das Sekretariat rotieren jährlich zwischen den Mitgliedern. Aufgabe des IMDRF ist es, »die regulatorische Harmonisierung und Konvergenz in der internationalen Medizinindustrie zu beschleunigen«.

Andere Gruppen nennen sich gern »Konferenz«. Man versteht darunter im üblichen Sprachgebrauch etwas wie ein einmaliges Treffen. Aber hier ist die Bezeichnung eine weitgehend durchorganisierte Serie von Treffen und Beschlüssen (im politischen Bereich etwa nennt sich so ja auch die KSZE, die Konferenz für Sicherheit und Zusammenarbeit in Europa). Dieser Bezeichnung bediente sich 1990 auch eine der weltweit wichtigsten Regulierungsorganisationen, die »International Conference on Harmonisation of Technical Requirements for Registration of Pharmaceuticals for Human Use« (kaum verwendet ist die deutsche Bezeichnung »Internationale Konferenz zur Harmonisierung der technischen Anforderungen für die Registrierung von Pharmazeutika für humane Anwendung«; daher wird immer nur die Abkürzung ICH verwendet), die sich 2015 den neuen Namen »International Council for Harmonisation ...« zulegte. Mitglieder der ICH sind nicht nur Regulierungsbehörden, sondern vor allem internationale Spitzenverbände der Pharmaindustrie (zur Arbeitsweise vgl. Kapitel 5).

Seltener stößt man auf die eher nur werbenden Bezeichnungen »Koalition« (Coalition for Accelerating Standards and Therapies, CFAST), »Consortium« (Clinical Data Interchange Standards Consortium, CDISC) oder »Initiative« (Innovative Medicines Initiative, IMI).

Einen Namen mit »Council« (Rat) legen sich die Gruppen besonders gern zu. Er hat den PR-Vorteil, dass er die angeblich nur beratende, nur »entscheidungsvorbereitende« Rolle der Gruppen betont. Ein Beispiel ist der einflussreiche Standard Advisory Council (SAC), der im Bereich der internationalen Wirtschaftsprüfung das International Accounting Standard Board (IASB) berät.

Wenn eine dieser Gruppen »Ausschuss« oder »Committee« heißt, handelt es sich meist, aber nicht immer um eine Gruppe von Behördenvertretern. Das ist beispielsweise der Fall beim sogenannten »Accounting Regulatory Committee«, das unabhängig vom IASB die EU-Kommission in Fragen internationaler Wirtschaftsprüfung berät. Beim sogenannten »Committee of Experts on the Application of Conventions and Recommendations« (CEACR), das die »Internationale Arbeitsorganisation« (»International Labour Organization«, ILO) der UN berät, ist das jedoch nicht der Fall; hier sind, wie der Name verrät, internationale Experten für Arbeitsrecht vereint.

Ein Sonderfall ist die »International Corporation for Assigned Names and Numbers« (ICANN) innerhalb der Internet Society (ISOC). Die ICANN wird in der »bodies«-Literatur immer gern als Beispiel zitiert. Sie ist die entscheidende Organisation für die Vergabe von Internetadressen (durch die »Internet Assigned Numbers Authority«, IANA). Ohne die ICANN könnte sich kein Computer im Internet zurechtfinden. Die ICANN bezeichnet sich bis heute als private Körperschaft, eingetragen als Non-profit-Unternehmen nach kalifornischem Recht. Mit der Zeit haben sich im Umfeld jedoch zahlreiche weitere Gruppen gebildet, die ebenfalls bei der Regulierung des Internet mitreden möchten: Neben der ICANN finden wir u. a. ein »Internet Architecture Board« (IAB) mit der »Internet Engineering Steering Group« (IESG) und der »Internet Engineering Task Force« (IETF). Die Aufsicht über die Namenvergabe führte bis 2016 das US-Handelsministerium (mit seiner Behörde »National Telecommunications and Information Administration«, NTIA). Außerdem gibt es noch das »Government Advisory Committee« (GAC). Das GAC löst immer wieder, selbst nach dem Rückzug der NTIA, die Frage aus, wie unabhängig das Internet von der Politik tatsächlich ist. Das GAC hat zahlreiche Mitglieder (nationale Regierungen, die im Wechsel den Vorsitz übernehmen) und über dreißig Beobachter (darunter die Weltbank, die Welthandelsorganisation WTO und die Europäische Raumfahrtagentur). Pläne der

Vereinten Nationen, die Kontrolle bei ICANN zu übernehmen, wurden bisher erfolgreich abgewehrt. Die Anzahl all dieser Gruppen und die komplizierten gegenseitigen Abhängigkeiten sind nur historisch verständlich durch das Bestreben der Organisation, von der Mitsprache aller anderen möglichst unabhängig zu bleiben.[19]

Ungenaue Personalien

Bevor der Leser jedoch von diesem »overload« an Abkürzungen die Lektüre schon hier abbricht, sei die selbstverständlich unvollständige Liste wieder beendet. Die Darstellung bleibt problematisch. Dass sie nur an wenigen Punkten klar und deutlich wird, liegt in den Wucherungen der »bodies«.

So viel lässt sich immerhin in einer ersten Zusammenstellung sagen:

- Die Gruppen vermeiden tendenziell jede langfristige Verfestigung ihres Status. Das macht sie hoch flexibel und wandlungsfähig. Sie sind imstande, ihre informellen Strukturen und ihre internen Verfahren jederzeit ohne langwierige Mandatierungen, Rückfragen oder Konsensrunden zu ändern und neuen weltwirtschaftlichen Verhältnissen mühelos anzupassen. »Der Vorzug des Informellen ist seine Flexibilität.«[20]

- Behörden, d. h. Vertreter der Exekutive mehrerer Länder, kooperieren in den Gruppen mit Vertretern der Privatwirtschaft, in der Regel den Spitzenverbänden der Wirtschaft, in regelmäßigen Treffen, die kein Außenstehender stört oder gar beeinflussen kann. Gruppen, in denen die Wirtschaft und staatliche Exekutiven zusammenarbeiten, werden »hybrid« genannt.

- Der Organisationsgrad der Gruppen ist außerordentlich vielfältig. Manche haben ein Sekretariat oder gar eine eigene Adresse, andere sind einfach Zusammenkünfte zum Erfahrungsaustausch. Manche treffen sich in regelmäßigem Rhythmus, andere eher nur ad hoc und bei Bedarf.
- Die Treffen tragen unverfängliche Namen: Sie nennen sich »Dialog«, »Gespräch«, »Konsultation«, »Konferenz«, »Rat«, »Initiative«, »board«, »Plattform«, allenfalls »Verhandlungen« mit dem Ziel effizienter »Kooperationen« und »Anpassungen« in den Zeiten eines verschärften internationalen Wettbewerbs (die Bezeichnung »Agentur«, »agency«, ist in der Regel nationalen oder supranationalen Behörden vorbehalten, etwa den über 40 Agenturen der EU; dass sich auch private Rating-Agenturen so nennen, entspringt dem Wunsch, sich den Mantel einer staatlichen Autorität umzuhängen).
- Die Gruppen haben fast alle eine eigene Website und betreiben freiwillig eine wenigstens rudimentäre Öffentlichkeitsarbeit. Sie sind aber keiner demokratischen Kontrolle unterworfen und keinem Außenstehenden rechenschaftspflichtig. Die Mitarbeit oder die Teilnahme von Behördenvertretern wird nicht offengelegt.[21] In den meisten Fällen bleibt auch die finanzielle Struktur strikt intransparent.
- Die »Entscheidungen«, die getroffen werden (die vereinbarten »Regeln«), sind in keinem öffentlichen Register erfasst. Sie sind nicht in Stein gemeißelt, d. h. sie sind formal unterdefiniert; es ist nicht festzustellen, ob hier nur ein Kulissengespräch, eine Verabredung oder ein bindender Beschluss stattgefunden hat (Protokolle sind in den allermeisten Fällen nicht zugänglich). Auch die Zeitpunkte der jeweiligen Fertigstellungsstufen sind nicht eindeutig erkennbar. Die Gespräche sind nie beendet und immer im Fluss (»flexi-

bel«, »in the making«). Damit kann die Intensität eines Verpflichtungsgrads jederzeit herauf- oder herabgestuft werden, je nachdem welche Außendarstellung gerade opportun ist. Im Bedarfsfall kann somit energisch darauf hingewiesen werden, dass es sich immer nur um eine Empfehlung im »vor-parlamentarischen« Raum handelt.[22] In Wirklichkeit jedoch tritt die Regel, sobald sie von mächtigen Playern akzeptiert wurde, faktisch in Kraft und prägt deren wirtschaftliche Tätigkeit in dem betreffenden Produktionsbereich.

- Diese halbprivaten Regeln werden schon seit Jahrzehnten vorrangig in solchen Wirtschaftszweigen angewandt, die durch besonders große Unternehmen gekennzeichnet sind. Es sind dies der Bergbau, das verarbeitende Gewerbe, die Informationstechnologie, die Versicherungswirtschaft, Transport und Infrastruktur (speziell der Seeverkehr), daneben auch die Landwirtschaft (insbesondere Baumwollgewinnung) und Fischerei sowie Rating-Agenturen.[23] Hinzuzufügen sind hier neuerdings noch die Energiewirtschaft, das Baugewerbe, die Kredit- und Finanzindustrie sowie die Kraftfahrzeug-Produktion. Ein gemeinsames Charakteristikum dieser Sektoren ist die Dominanz jeweils weniger und mächtiger Akteure. Auffällig, aber ohne Erklärung verständlich, ist das Fehlen des Handwerks sowie des gesamten Bereichs der Erziehung und der Bildung.

Informalisierung

Wie entsteht ein Gesetz? Was Gottfried Benn von Gedichten sagte, gilt auch hier: Ein Gesetz entsteht nicht; ein Gesetz wird gemacht.

Jeder Schüler in Deutschland lernt den langsamen Weg der Gesetzgebung. Das Projekt wird meistens erst einmal öffentlich diskutiert; Bundestag, Bundesrat oder Regierung schlagen einen Text vor, unter Umständen werden Ausschüsse damit beschäftigt; es folgen drei Lesungen im Bundestag, Textänderungen sind möglich, in der dritten Lesung wird abgestimmt, bei Annahme muss – in bestimmten Fällen – auch der Bundesrat zustimmen; dem Bundeskanzler und dem Fachminister wird der Text zur Gegenzeichnung vorgelegt. Dann muss der Bundespräsident (nach Prüfung der Verfassungsmäßigkeit) das Gesetz »ausfertigen«. Nach seiner Unterschrift wird es im Bundesgesetzblatt veröffentlicht. Damit ist es in Kraft. Es ist ein formal kompliziertes Verfahren. Noch umständlicher verläuft der Weg in der europäischen Union: Hier haben nicht nur das EU-Parlament, sondern auch der Vermittlungsausschuss und selbstverständlich der Rat der EU starke Vetorechte; jeder von ihnen kann das Projekt zum Scheitern bringen.

Diese formalisierte Langsamkeit hat einen guten Zweck: den Rechtsstaat.

Die informellen Regulierungsgruppen, die »bodies«, kommen ohne diese demokratischen Mühseligkeiten aus. Hier bestimmen keine Verfassungen oder andere Formalitäten den Gang der Dinge. Die Öffentlichkeit wird über das Internet gelegentlich zwar pauschal informiert (das ist dann »Transparenz«), kann aber nicht mitbestimmen oder gar ein Veto einlegen. Zwischenbemerkung: Bei dieser Regulierungsaktivität der Wirtschaft verliert das Argument der Globalisierungskritiker, die neoliberale Wirtschaft strebe nach Deregulierung, an Gewicht. Die Wirtschaft gibt sich in den hier behandelten »bodies« fortwährend neue, den veränderten Umständen angepasste Regeln. Sie will gerade keine allgemeine Deregulierung, sondern möglichst ungestörte Selbstregulierung. Was sie will, sind eigene Regeln. Was sie nicht will, sind staatliche Regeln.

Die Regeln und Standards, in welchem Verpflichtungsgrad auch immer, die sich ein Wirtschaftsbereich gibt, betreffen nur auf den ersten Blick die Akteure selbst, noch nicht die Allgemeinheit. In Wahrheit aber werden hier Produktstandards vereinbart, die unmittelbar auf das Warenangebot durchschlagen. Die vereinbarten Standards gelten ja ausdrücklich als Vorschriften für die Produktion von Waren und Dienstleistungen, mit denen dann die Allgemeinheit auf dem freien Markt konfrontiert wird. Tendenziell sind alle diese Regeln nicht gerade Rechtsverletzungen, sehen aber »verdächtig«[24] nach Abweichungen vom geltenden geschriebenen Recht aus.

Schon lange kennen wir die Tendenz der Wirtschaft, das geltende Recht loszuwerden und lieber den selbst geschaffenen Regeln zu folgen, dann auch spezielle, auf ihre Interessen zugeschnittene Sondertribunale (sogenannte Schiedsgerichte) einzurichten. Der 1878 geborene Rechtsgelehrte Gustav Radbruch beobachtete hellsichtig, im Hinblick auf die modernen Investitionsschutzabkommen schier prophetisch, in der ersten Auflage seiner »Einführung in die Rechtswissenschaft« (1929) diese Entwicklung (das Zitat ist etwas länger, aber es lohnt die Lektüre):

»So erhofft der Kaufmann sich selber sein Recht, wo Gesetzesrecht schweigt oder seine Rechtssätze hinter abweichender Vereinbarung zurücktreten läßt. Aber auch zwingenden Rechtssätzen, die ihm unerwünscht sind, sucht er sich auf immer neuen Wegen, durch immer neue Versuche geschickt gefaßter Geschäftsbedingungen zu entziehen – und auf die Dauer hat sich sein wirtschaftliches Bedürfnis oft stärker erwiesen als der zwingende Rechtssatz. Unter diesen Gesichtspunkt gehört der gigantische Kampf, den der Handel gegen das Zinsverbot des kirchlichen Rechts geführt hat, um es schließlich zu überwinden. Hierher gehören auch Abbiegungen vom Wortlaut des geltenden bürgerlichen Rechts (...), eine Umbiegung des Rechts durch die Tatsachen des wirtschaftlichen Lebens, die allmählich so stark geworden ist, daß gesetzgeberische Maßnahmen auf die Länge kaum zu vermeiden sein werden, um die damit eingetretene vielfältige Rechtsunsicherheit zu bekämpfen. ›Der Handelsverkehr‹, sagte das Reichsgericht (1923), ›der die Aufgabe hat, den stets wechselnden Lebens- und Wirtschaftsinteressen nicht nur einzelner Verbraucher, sondern ganzer Völker zu dienen, muß, wenn er sie in befriedigender Weise lösen soll, sich möglichst wenig beengt durch zwingende Rechtsnormen im wesentlichen nach seinen eigenen Regeln und Bedürfnissen entwickeln können.‹

Wenn also das Handelsrecht nahezu ›selbstgeschaffenes, autonomes Recht‹ des Handelsstandes ist, so liegt es für diesen nahe, sich zur Anwendung dieses autonomen Rechts auch eine autonome Rechtspflege zu schaffen. Der Handelsstand zeigt die Neigung, durch Vereinbarung der Entscheidung durch mit der Branche vertraute Schiedsrichter oder der Begutachtung durch Schiedsgutachter seine Rechtsverhältnisse und Rechtsstreitigkeiten der Rechtsprechung der ordentlichen Gerichte zu entziehen. Ganze Zweige des Handelsverkehrs werden durch solche Schiedsvereinbarungen der Kenntnis und dem Einfluß der ordentlichen Gerichte entrückt. Solche Schiedsverträge können zur Vergewaltigung des wirtschaftlich schwächeren Teils führen. (...)

Mehr als die Rechtssätze irgendeines anderen Rechtsgebietes sind diejenigen des Handelsrechts lebendes, nicht papierenes Recht, nicht aus den Gesetzen abzulesen, sondern nur im

Rechtsverkehr zu beobachten. Mehr als in irgendeinem andern Rechtsgebiet zeigt sich im Handelsrecht sowohl das Ringen des Rechts mit dem Interesse wie die Einwirkung des Interesses auf das Recht, die begrenzte Gewalt der Norm über das Faktische und die letztendige Normatitivät des Faktischen – kurz das, was die ökonomische Geschichtsauffassung über das Verhältnis von Wirtschaft und Recht lehrt. Sie lehrt auch begreifen, daß in einem individualistischen Rechtszeitalter dem Handelsrecht die Pionierrolle für das gesamte Privatrecht zufallen muß.«²⁵

Es ist bemerkenswert, mit welcher Genauigkeit Gustav Radbruch hier die Entwicklung nachgezeichnet und auf Jahrzehnte hinaus vorhergesehen hat: die allmähliche Hegemonie der Wirtschaft und die Privatisierung der Rechtsprechung.

Die Wirtschaftsverbände sind auf diesem Weg seit Radbruch wieder ein gutes Stück vorangekommen. Heute hat sich der Staat auf das Niveau der Unternehmen herabbegeben: Die Behörden sitzen mit den privaten Regel- und Standardsetzern an einem Tisch und kooperieren. Der Staat bestimmt nicht mehr, er gleicht aus. Er befiehlt nicht, er sucht den Deal. So gesehen, ist es geradezu naiv, immer noch so etwas wie »den Primat der Politik« zu fordern: Der Vorrang der Politik, noch bevor er überhaupt gefordert werden kann, ist von der Exekutive in »deals« und Kompromissen bereits erfolgreich unterlaufen.²⁶

Zu diesem Erfolg seien für viele kurz zwei Beispiele skizziert.

1. Das erwähnte »International Accounting Standards Board« (IASB) wird in seiner globalen Wirkung im Allgemeinen weit unterschätzt. Es ist eine rein private Organisation und gehört einer Stiftung, der »International Accounting Standards Com-

mittee Foundation« in Delaware; sie wird finanziert von den »Vier Großen« Wirtschaftsprüfungsgesellschaften (PricewaterhouseCoopers, KPMG, Deloitte Touche Tohmatsu Ltd. und Ernst&Young). Die Mitglieder sind, weltregional ausgewogen, vor allem ehemalige leitende Mitarbeiter nationaler Finanzaufsichtsbehörden, aber auch privater Unternehmensberatungen. Die von dem Board aufgestellten Regeln und Vorschriften, die sogenannten »International Financing Reporting Standards« (IFRS), werden von allen EU-Mitgliedsstaaten und über 90 weiteren Ländern übernommen (in der EU durch die Verordnung 1606/2002 als unmittelbar geltendes Recht).[27] Trotz komplizierter Abstimmungsversuche hatten zeitweise die USA eigene Regeln, die »Generally Accepted Accounting Principles« (US-GAAP), faktisch durchgesetzt. In Deutschland sind nach alldem wesentliche Bestimmungen des Handelsgesetzbuchs nicht mehr gültig; stattdessen gelten nun die Vorschriften des IASB (seit 2005 müssen börsennotierte Unternehmen in ganz Europa ihren Konzernabschluss nach dessen Standards und Regeln erstellen).

Dabei hat sich eine folgenreiche Verschiebung ergeben: »Im Kern unterscheiden sich die Rechnungslegungssysteme darin, welche Informationen der Jahresabschluss eines Unternehmens den unterschiedlichen Gruppen im weiten Feld der *Stakeholder* geben soll. Das eher traditionelle HGB-Modell hat vor allem das Interesse der Firma selbst im Blick, das durch eine vorsichtige Ermittlung des Gewinns den Abfluss von Mitteln an die Anteilseigner (und an die Finanzämter), während das US-GAAP-Modell vor allem darüber informiert, wie sich die Gewinnentwicklung des Unternehmens aus der Sicht der Investoren entwickelt.«[28]

Die Entwicklung führt zwar zu einer grundsätzlich willkommenen Vergleichbarkeit der Finanzberichte, ist aber ein

Beispiel privater Rechtsetzung unter Beihilfe staatlicher Behörden. Der Widerspruch z. B. aus dem EU-Parlament ist gewaltig: In der Finanzkrise hätten IASB-Bewertungsmaßstäbe »als Brandbeschleuniger gewirkt«.[29] Das IASB ist immer wieder Gesprächsthema bei den G7/G8/G20-Gipfeln, dies wird in den Pressemitteilungen auch knapp angedeutet, interessiert die Medien aber nicht.

2. Die Innovative Medicines Initiative (IMI) ist nach eigener Auskunft eine internationale Organisation »zur Steigerung der Wettbewerbsfähigkeit der pharmazeutischen Forschungseinrichtungen in der Europäischen Union«, eine *Public Private Partnership*, in der die Europäische Union und die Privatwirtschaft kooperieren. Die EU-Kommission und der Spitzenverband der europäischen Pharmaindustrie (die Europäische Vereinigung von pharmazeutischen Industrien und Verbänden, EFPIA, vgl. unten Kapitel 5) diskutieren hier miteinander. Die IMI soll (laut Website) die Entwicklung neuer Medikamente »beschleunigen«. Sie wird je zur Hälfte finanziert von der EU und der Pharmaindustrie, also aus öffentlichen und privaten Mitteln gemeinsam. Mitglieder der Initative sind auch Mitglieder in einer weiteren Gruppe, dem privaten CDISC (Clinical Data Interchange Standards Consortium). Dessen Bedeutung liegt u. a. darin, dass seine Zulassungsstandards von der amerikanischen Regulierungsbehörde FDA (Food and Drug Administration) ohne weitere Beratung übernommen werden. CDISC und IMI arbeiten bei der Entwicklung globaler Standards eng zusammen. Auffallendes, aber wohl nur »zeitweiliges« Mitglied des CDISC – unter etwa 400 privaten Pharma-, Biotechnologie- und Beratungsunternehmen und deren Verbänden aus aller Welt – war 2014 die EMA, die Europäische Arzneimittel-Agentur, eine offizielle Einrichtung der Europäischen Union mit Sitz in London (mit dem Brexit wird

der Sitz verlegt werden, wohin ist noch nicht beschlossen);[30] »ihre Hauptaufgabe besteht im Schutz und in der Förderung der Gesundheit von Mensch und Tier durch die Beurteilung und Überwachung von Human- und Tierarzneimitteln.« Die EMA-Leitlinien »sind zwar *per se* nicht rechtsverbindlich, ihnen kann aber *de facto* eine solche Wirkung zukommen (...).«[31]

Die bisher klare Trennung zwischen Öffentlichem Recht und Privatrecht beginnt sich zu verwischen. Im Privatrecht ging es bisher um die Entscheidung oder den Ausgleich zwischen widerstreitenden Ansprüchen rechtlich gleichrangiger Rechtssubjekte; das Öffentliche Recht regelte vor allem die Beziehungen zwischen dem Staat (dem Inhaber der »öffentlichen Gewalt«) und seinen Bürgern. Nunmehr jedoch gehen die beiden Bereiche ineinander über; miteinander handeln Politik und Privatwirtschaft als formal Gleichberechtigte in austarierten Zugeständnissen ihren Konsens aus (genau wie Konkurrenten unter sich bei der Vereinbarung, sagen wir, eines Kartells).

Die Europa-Verträge, in aller Form und dem Wortlaut nach, garantieren den EU-Bürgern einen »Raum des Rechts« und in einer zusätzlichen Charta mehrere »Grundrechte«, ähnlich auch das Grundgesetz in seinen ersten zwanzig Artikeln. Aber können die Europäische Union bzw. der Staat diese Rechte überhaupt noch »garantieren«, wenn insgeheim das noch geltende Öffentliche Recht im Palaver mit Privaten ausbalanciert und mit ihnen faktisch geltendes »neues« Recht am Parlament vorbei verabredet wird? Und welcher Parlamentarier möchte, wer könnte überhaupt noch gegen einen Deal opponieren, auf den sich Behörden von hundert Ländern mit mächtigen Spitzenverbänden der Wirtschaft auf ihren informellen Treffen geeinigt haben?

Der Prozess, bei der Rechtsetzung den formalen demokratischen Weg durch informelle Deals zu ersetzen, schreitet vor unseren Augen fort. In der Politikwissenschaft wird er schon länger unter dem Begriff »Informalisierung« kritisch diskutiert. Aber die Öffentlichkeit hat den schleichenden Vorgang noch kaum wahrgenommen.

Einige Parlamentarier möchten diese Entmachtung lieber nicht sehen oder leugnen sie einfach. Bei einer Podiumsdiskussion zu den bekannten Freihandelsverträgen im Februar 2014 wurde Elmar Brok, dienstältester Abgeordneter im EU-Parlament (seit 1980), gefragt, warum die Abgeordneten in Brüssel offenbar willig sind, einem Abkommen zuzustimmen, das ihre Zuständigkeit beschneidet. Gewaltig richtete Brok sich auf und feuerte empört die Gegenfrage ab: »Glauben Sie im Ernst, dass wir uns selbst entmachten werden?« Die Frage war rhetorisch gemeint, aber das gemurmelte Ja im Publikum war zu spüren.

Mit Regimen leben

Der etwas abgehoben »Informalisierung« genannte weltweite Vorgang wird unter dem Stichwort »Entparlamentarisierung« auch schon auf populären Websites erläutert (als Bedeutungsverlust der Parlamente im politischen Prozess). Vor allem eher konservative Beobachter wie Paul Kirchhof bezeichnen den Vorgang als Verlust an Autonomie. Bei allen Beobachtern jedoch gilt die Entwicklung als irreversibel.[32] Er ist schon allein deshalb unumkehrbar, weil er immer mit der Globalisierung begründet wird, die ja ebenfalls unumkehrbar sein soll. Entsteht also, lautet die Frage, abseits der Parlamente ein neues »Recht ohne Staat«?

Das Schlagwort ist zwar griffig, aber auch ungenau. Denn der Staat, genauer: die Exekutive, trifft sich ja mit den so schwer fassbaren »bodies«; sie sitzt mit ihnen am Verhandlungstisch. Was dort ausgehandelt wird, ist ganz im Sinn einer Public-Private-Partnership: eine hochflexible, anpassungsfähige Mischung aus privatem und öffentlichem Recht. Der beschreibenden Rechtswissenschaft ist dieser Vorgang seit der Mitte des 20. Jahrhunderts bekannt.[33] Sie versucht, mit dieser Bezeichnung eine inzwischen global entgrenzte Wirtschaft begrifflich zu erfassen.

Eine lex mercatoria?

Der Ausdruck *lex mercatoria* (wörtlich »das Recht der Handelskaufleute«; englischsprachige Autoren sagen dazu nicht so lateinisch »merchant law«) gilt als außerordentlich umstritten.

Unbedingte Anhänger[34] eines selbst geschaffenen, nichtstaatlichen Handelsrechts verwenden den Ausdruck gern taktisch für eine feststehende Tatsache und behaupten, dass es eine *lex mercatoria* schon lange gebe, nicht erst seit der Globalisierung. Zur heutigen Veredelung des Begriffs dienen dann Ähnlichkeiten mit ungefähr Vergleichbarem aus dem späten Mittelalter.

Tatsächlich hatten sich die Kaufleute damals besondere Rechte erobert, umgekehrt wurden bestimmte Rechte bei ihnen für nicht anwendbar erklärt (auch wenn beides nur für die Zeit und den Ort der großen Handelsmessen galt), was die Attraktivität des Messeortes natürlich erhöhte: »Die ansehnlichsten internationalen Messen waren es vornehmlich, wo ein eigenartiges neues Gewohnheitsrecht des Handels sich ausbildete. Abgesehen davon, daß hier die Fremden frei kaufen und verkaufen konnten, ohne durch das sonst herrschende Gästerecht behindert zu werden, wurde auch der Meßplatz als ein Zufluchtsort angesehen, wo niemand für außerhalb desselben verübte Verbrechen zur Rechenschaft gezogen werden durfte, vor allem kein Schuldner verhaftet oder seine Waren beschlagnahmt werden konnten. Ferner wurde auf den Messen das sog. Repressalienrecht außer Kraft gesetzt. Es bestand hier keine Gesamthaftung: die zur Messe eintreffenden Kaufleute waren für die von ihren Landesgenossen außerhalb der Messe eingegangenen Schulden oder verübten Vergehen nicht verantwortlich. Doch galt dieser Grundsatz nicht für die an Ort und Stelle begangenen Rechtsübertretungen, was gewöhnlich besonders betont wurde. (...) Das Vermögen eines während der Messe verstorbenen Fremden fiel nicht, wie dies sonst oft der Fall war, an den Landesherrn, sondern wurde gemäß dem Vermächtnis an seine Erben oder mangels deren an seine Volksgenossen ausgehändigt. Es wurden ferner besondere Meßgerichte mit beschleunigtem, summarischem Prozeßverfahren gebildet (...). Die Verhandlungen dieser Gerichte gingen unter möglichster Schleunigkeit und Formlosigkeit von statten.« Beim ungenauen Vergleich sehen manche diese mittelalterlichen Gerichte schon als Vorläufer der durch die neueren Handelsverträge in Verruf gekommenen Schiedsgerichte. Gern wird von ihnen auch auf die speziellen Kaufmannsgerichte hingewiesen, die »von den Konsuln in Venedig, Genua, Lucca, Pistoia, Barcelona ausgeübte Gerichtshandlung der Seehandelsinnungen (Consulatus maris)«.[35]

Lex mercatoria ist jedoch nur ein später Sammelbegriff für die zahlreichen Regeln und Gebräuche im europäischen Fernhandel des Mittelalters; es gab solche Sammlungen, unsystematisiert, in Spanien, Italien, Frankreich, Deutschland sowie im Baltikum. Gegen die Definition als »Recht« wird ein gewichtiges Argument vorgebracht: Die privaten Rechtsverhältnisse zwischen Unternehmen (Kaufleuten) seien immer in staatliches Recht eingebettet gewesen, es gebe nun einmal keinen Vertrag ohne eine Rechtsordnung, die seine Gültigkeit garantiert.

Auch der historische Verlauf spricht gegen die Annahme einer ununterbrochenen Entwicklungslinie zwischen dem Mittelalter und heute. Das moderne Handelsrecht der Neuzeit hat jenes Gewohnheitsrecht vielmehr verdrängt bzw. in sich aufgenommen.[36] Es war mithin einige Jahrhunderte lang vergessen, bevor es mit dem Neubeginn des Welthandels nach dem Ersten Weltkrieg eine Art Wiederauferstehung erfuhr. Das neu erwachte Interesse, lebhafter noch nach dem Zweiten Weltkrieg, fand dann in den Regeln für Schiedsgerichtsverfahren, den UNCITRAL Rules der WTO (1966), auch einen schriftlichen Niederschlag.

Immer noch unbestimmt blieb dabei jedoch das Verhältnis solcher Regelsammlungen zu den jeweiligen nationalen Rechtssystemen, so dass bald eine Art Glaubenskrieg aufflammte: Auf der einen Seite standen die Befürworter einer möglichst alle nationalen Grenzen überschreitenden, globalen, »autonomen« Rechtsordnung (die an die Stelle bloß nationaler Rechtssysteme treten sollte) und auf der anderen Seite die Gegner, die in jedem Fall dem staatlichen Recht, dem Nationalstaat, das letzte Wort und die definitive Entscheidung überlassen wollten. Einer von diesen, der vehementeste Gegner des lateinischen Begriffs, ist Christian von Bar; er bezeichnete jede *lex mercatoria* rundheraus als »rechtsquellentheoretisch falsch, begrifflich verschwommen und rechtspolitisch verfehlt«.[37]

Dass dies nicht nur ein akademischer Streit ist, lässt sich an der noch immer unerledigten Kontroverse über die Einrichtung von Schiedsgerichten bei Vorliegen eines funktionierenden Rechtssystems ablesen: Soll ein privater Investor einen Staat vor einem Sondergericht verklagen dürfen, obwohl ihm ein ordentliches Gericht zur Verfügung steht? Der Vorwurf der Paralleljustiz ist berechtigt.[38] Selbst Anhänger der umstrittenen Investitionsabkommen halten besondere Klagerechte von Investoren gegen Staaten inzwischen für nicht erforderlich und verweisen stattdessen auf die staatlichen Gerichte.

Der entscheidende Gegensatz zwischen Befürwortern und Gegnern der *lex mercatoria* liegt jedoch noch tiefer: nämlich im Streit zwischen der Geltung eines »territorialen« Rechtssystems und einer unbekannten Anzahl »entterritorialisierter« Regelsammlungen. Mit anderen Worten: Sollen sich die Akteure der Weltwirtschaft nach Gesetzen richten, die nur im geografisch begrenzten Raum eines Nationalstaats gelten? Oder lieber nach (idealerweise selbst geschaffenen) Regeln, die unabhängig von jeder Geografie weltweit überall in dem Tätigkeitsbereich gelten, in dem diese Akteure tätig sind?[39] Es wird deutlich, dass in diesem Grabenkrieg nicht nur Sachargumente ausgetauscht werden können. Es geht vielmehr um eine im strengeren Sinn politische Frage, und das heißt: Hier stehen historisch gewachsene Machtpositionen auf dem Spiel.

Was bedeutet »transnational«?

Die regulierenden Gruppen, die »bodies«, mögen zwar problematisch zu beschreiben sein, ihre Organisationsformen kaum noch überschaubar, die Verbindlichkeit ihrer Verlautbarungen anpassungsfähig bis instabil. Aber welche Neuerungen sie hervorbringen, das kann die Rechtswissenschaft (und darin die Rechtssystematik) ohne Schwierigkeiten, die etwa aus der Sache kämen, gut erfassen. Sie kann vor allem bestehende und sich entwickelnde Rechtsgebiete gut definieren. Für ein deutliches Verständnis des folgenden Abschnitts mag es daher hilfreich sein, sich über die verwendeten Begriffe »transnational« und »Regime« zu verständigen.

Wir sehen einen Rechtsbereich entstehen, der unabhängig von dem uns bekannten demokratieförmigen Recht und ohne staatliche Mitwirkung (oder gar seine Legitimität) in die Welt tritt. Er steht jetzt als dritter Rechtsbereich neben den beiden bisherigen Bereichen nationales Recht und Völkerrecht. Er wird mit dem in der Öffentlichkeit bisher ungebräuchlichen, aber in der Fachdiskussion terminologisch gut eingeführten Begriff »transnational« gekennzeichnet. Ein neuartiger Begriff wurde hier nötig, denn erstens ist die Bezeichnung »international« schon für die englische Übersetzung von »Völkerrecht« vergeben; und zweitens verstehen wir unter »internationalem Recht« im Allgemeinen jene Vereinbarungen, die zwischen Staaten getroffen werden (»internationale Abkommen«). Was die genannten »bodies« jedoch aus sich heraustülpen, ist – unter Beihilfe nationaler Exekutiven oder nicht – gerade kein internationales Abkommen, kein Abkommen zwischen Staaten, sondern für den jeweiligen Sachzusammenhang ein Bündel von Regeln und Vorschriften, die sich ein Wirtschaftssektor selbst verleiht und die weltweit für alle Produzenten dieses Sektors Geltung beanspruchen. Aus diesen Gründen wird ein Rechtsbereich solcher Art »transnational« genannt.

Wir setzen einmal eine ausführliche Definition hierher:[40]

»Transnationales Recht bezeichnet eine dritte Kategorie von autonomen Rechtssystemen jenseits der traditionellen Kategorien des staatlichen nationalen und des internationalen Rechts. Transnationales Recht wird durch die Rechtsschöpfungskräfte einer globalen Zivilgesellschaft geschaffen und entwickelt; es ist auf allgemeine Rechtsprinzipien und deren Kondensation und Konfirmation in gesellschaftlicher Praxis (Übung) gegründet, seine Anwendung, Interpretation und Fortbildung obliegt – jedenfalls vornehmlich – privaten Anbietern alternativer Streitschlichtungsmechanismen, und eine Kodifikation findet – wenn überhaupt – in Form von allgemeinen Prinzipien und Regelkatalogen, standardisierten Vertragsformularen oder Verhaltenskodizes statt, die von privaten Normierungsinstitutionen aufgestellt werden.«

Das ist gleich auf den ersten Blick eine unkritische Definition: Sie enthält für unter Umständen vergleichbare Rechtssysteme die abwertende Charakterisierung »traditionell«; sie unterstellt eine »globale Zivilgesellschaft« (die es bei Licht besehen nicht gibt) und deren – bisher unbekannte – »Rechtsschöpfungskräfte«; das neue Recht sei auf »allgemeine Prinzipien« gegründet. Undeutlich bleibt, in wessen Namen und Auftrag die »privaten« Normgeber tätig werden: Es bestehen Zweifel, ob sie tatsächlich immer »allgemeinen Prinzipien« gehorchen oder doch nur die Interessen ihrer Branche verfolgen.

Dem genauen Blick des Autors der Definition ist allerdings nicht entgangen, dass bei der Regelsetzung der Privaten auch noch andere mitreden. Er fährt fort: »Freilich sind an solchen Rechtssetzungsprozessen teilweise auch staatliche Akteure beteiligt, die im transnationalen Kontext jedoch zu Repräsentanten partikularer Interessen absinken.« Wir vermerken die Bewertung »absinken«. Als an dieser Stelle immer beliebte Beispiele werden sodann die viel zitierte ICANN genannt sowie transnationale Sportverbände und, wie selbstverständlich, »Unternehmen«. Damit sind die privaten Quellen des transnationalen Rechts nicht erschöpft, aber zur Definition des Begriffs mag dies ausreichen.

In einer Weiterführung des Begriffs ergibt sich dann ein »transnationales« Verwaltungsrecht, ja sogar ein »transnationales« öffentliches Recht.[41]

Aus der englischen Sprache hat sich zum Adjektiv »transnational« in der Diskussion ein Substantiv gesellt: »Regime«[42]; damit treten nun die »transnationalen Regime« ans Licht. Verstanden werden darunter sowohl die privaten rechtschöpfenden Gruppen als auch die von ihnen für den jeweiligen Wirtschaftsbereich geschaffenen Regelsysteme oder eine Kombination aus beidem (in dieser letzteren Bedeutung wird

»Regime« im Folgenden verwendet). Wenn sich mehrere solcher Regime kooperativ zusammentun, ist dann gelegentlich auch von »Regimekomplexen« die Rede.[43]

Unglücklicherweise und im Widerspruch zu unserer Definition hat sich die etablierte Regimetheorie bis vor wenigen Jahren ausschließlich mit staatlichen Teilnehmern an Regimeaktivitäten befasst und dabei die bestimmende, oft alleinige Rolle der privaten Akteure vernachlässigt.

Warum haben sich die transnationalen Regime so fruchtbar vermehrt? Mehrere Gründe liegen zutage: Sie bieten den Unternehmen ihres Wirtschaftssektors Kostenersparnisse und gerade unter verschärften Wettbewerbsbedingungen willkommene Informationen; das von ihnen gehortete Wissen gilt als nicht zu veröffentlichendes Geschäftsgeheimnis; sie verschaffen den Unternehmen höhere Flexibilität und Effizienz, als wenn die sich allein auf behördliche Autoritäten verlassen müssten; in der Kooperation mit staatlichen Regulierungsbehörden legen vor allem sie – mit dominantem Expertenwissen ausgerüstet – die Regeln fest, die vor keinem Gericht mehr angefochten werden können. In ihren praktischen Auswirkungen, d. h. mit einem globalen Waren- und Dienstleistungsangebot, bestimmen die transnationalen Regime über unser aller tägliches Leben, fast wie eine Regierung. Auch die Autoren einer der Wirtschaft wohlgesinnten Analyse ›Private Authority and International Affairs‹[44] kommen zu dem Fazit: »Wir haben das Buch mit der Frage ›Beherrschen Konzerne die Welt?‹ begonnen. Wir beenden es wieder mit diesem Thema. Wir vertreten die Ansicht: Ja, Konzerne schaffen immer mehr Institutionen, die die Welt ›regieren‹, solange eine internationale Governance-Koordination zwischen den Staaten fehlt«; und sie üben (aber in wessen Namen?)[45] öffentliche Gewalt aus – ohne demokratische Kontrolle.

Der Sardinen-Streit

Von den transnationalen Regelwerken wird oft gesagt, sie besäßen zwar keine rechtliche Bindewirkung, seien aber auch nicht ohne eine solche Wirkung. Wie sich diese nicht sofort verständliche Definition praktisch auswirkt, lässt sich an einem konkreten Beispiel schildern.

Die Europäische Kommission hatte schon früh den Verkauf »Südamerikanischer Sardinen« in Europa verboten. Sie berief sich dabei auf die Verordnung »EWG 2136/89«, der zufolge nur Sardinen der Sorte *sardina pilchardus Walbaum* »Sardinen« genannt werden dürfen. Angenehmerweise kommt diese Sardinenart nur in europanahen Atlantikgewässern, im Mittelmeer und im Schwarzen Meer vor; für die Sorte *sardinops sagax sagax* jedoch (die fast nur vor der südamerikanischen Pazifikküste gefangen wird) war die Bezeichnung »Sardine« in der EWG verboten. Dies sollte der Transparenz im Handel und der Verhinderung unlauteren Wettbewerbs dienen.

Peru hingegen, am Pazifik gelegen, fühlte sich durch das Verbot ungerechtfertigt benachteiligt. Der Versuch einer gütlichen Vereinbarung scheiterte: Die Vorschläge der EU, die peruanischen Fischkonserven »Sprotten« oder »Pilchard« zu nennen, wurden von Peru als offenkundig diskriminierend zurückgewiesen. Daraufhin verlangte Peru 2001 die für solche Streitfälle von der WTO vorgeschriebene Konsultation. Im Frühjahr 2002 gab das dazu gebildete Schiedsgericht Peru recht; die EU protestierte zweimal vor dem Berufungstribunal, das die Proteste aber für unzulässig erklärte und damit den Schiedsspruch zugunsten Perus bestätigte.

Peru hatte gute Argumente auf seiner Seite: das Allgemeine Zoll- und Handelsabkommen der WTO (GATT) und außerdem das spezielle TBT-Abkommen gegen Handelshemmnisse (engl.: Technical Barriers to Trade Agreement). Das TBT-Abkommen legte in Artikel 2.4 fest, dass die Unterzeichnerstaaten ihren handelsbezogenen Entscheidungen »relevante internationale Standards« zugrunde legen müssen. Als ein solcher Standard wurde von Peru der Codex Alimentarius herangezogen (der in der Argumentation der EU bis dahin gar nicht vorgekommen war).

Der Codex Alimentarius ist eine schon seit 1963 bestehende Normen- und Standardsammlung der Vereinten Nationen zur Lebensmittelsicherheit. Die Sammlung wird ständig fortgeschrieben vom Codex Alimentarius Committee (ihm gehören auch alle EU-Mitgliedsstaaten sowie die EU selbst an). Im Standard 94 des Codex wurde seit 1978 zwar auch die südamerikanische Sardine als »Sardine« definiert. Allerdings mit der Maßgabe, dass die europäischen Sardinen einfach »Sardinen« genannt werden durften, während die südamerikanischen Sardinen mit einer Herkunftsbezeichnung zu versehen waren (z. B. »Peruanische Sardinen«). Es bestand also eine gewisse Unvereinbarkeit des Codex mit der EU-Verordnung. Die Verordnung war rechtlich bindend, der Codex war es nicht.

Die Chancen standen trotzdem gut für die Streitpartei Peru. »Von Anfang an«, sagte ein Mitarbeiter des WTO-Sekretariats, »war klar, in welche Richtung der Fall gehen würde – die EU-Verordnung war ein Handelshemmnis. Ich bin überrascht, dass die Sache überhaupt vor ein Panel kam.«

Die EU meinte indes, ein gutes Argument in der Hand zu haben: Das Verkaufsverbot habe schon viele Jahre vor der »Sardinen«-Definition im Codex Alimentarius von 1978 bestanden; die spätere Definition müsse also hinter der vorhergehenden Verordnung zurückstehen (das sog. »Rückwirkungsverbot«). Ein noch allgemeineres und schärferes Gegenargument lautete: Das Tribunal würde sich mit seiner Auffassung, der Codex Alimentarius sei auf jeden Fall anzuwenden, zum »Welt-Gesetzgeber« aufschwingen.[46] Das war ein Vorwurf, den das Berufungstribunal immerhin so ernst nahm, dass es ihn explizit als unzutreffend zurückwies.

Die schließliche Ablehnung der EU-Anträge wurde damit begründet, dass die EU sich nicht an Artikel 2.4 des Gatt-Abkommens gehalten habe, d. h. die EU habe ihrer Verordnung nicht einen existierenden »relevanten internationalen Standard« zugrunde gelegt; sie habe auch nicht den Nachweis erbracht, dass dieser Standard in Bezug auf die »legitimen Ziele« der EU (Transparenz, Wettbewerbserhaltung) »ineffektiv« oder »unverhältnismäßig« sei. Für alle künftigen Fälle dieser Art wurde pauschal verfügt, dass Länder ihre rechtlichen Vorschriften laufend neuen »internationalen Standards« anpassen müssen.

Am Ende musste die EU nachgeben, obwohl sie mehr und vor allem erfahrenere Anwälte aufbieten konnte als das Entwicklungsland Peru. Einer der peruanischen Verhandler sagte: »Wir sind nur eine kleine Delegation, und das ist mein erster Fall hier. Es ist nicht leicht für uns, wir stehen in einer unfairen Konkurrenz: Sie haben solche Fälle das ganze Jahr an der Hand und Spezialisten für jeden Aspekt des Handelsrechts.«

Die Wirkung, die in diesem Fall dem Codex Alimentarius zugeschrieben wurde, belegt die rechtlichen Effekte ursprünglich nicht mit legaler Bindewirkung ausgestatteter Standards. Mit anderen Worten: Der von Haus aus unverbindliche Codex Alimentarius hatte eines Tages rechtsverbindlich praktische Auswirkungen, hier: auf den Handel südamerikanischer Länder mit Europa (nebenbei: auch mit Marokko); er entwickelte – im Zusammenhang mit dem TBT-Abkommen – eine rechtliche Bindewirkung, obwohl sie ihm nicht in die Wiege gelegt war. Zudem müssen nun die Mitglieder der WTO immer die Augen offen halten und das mögliche Heranwachsen irgendeines neuen (transnationalen) Standards irgendwo auf der Welt erkennen und prüfen, inwieweit sie ihre nationale Gesetzgebung an dessen neue Regulierungen anpassen müssen.

Kein Tohuwabohu, aber

Die transnationalen Regime haben keine Adresse. Sie sollen ja gerade nicht innerhalb geografischer Räume ihre rechtliche Wirkung entfalten, erst recht nicht auf dem ganzen Planeten. Ihre Geltung ist vielmehr für einen wohldefinierten Kreis von Akteuren bestimmt: die weltweit tätigen Unternehmen des jeweiligen Produktbereichs.

Von welchen Produktbereichen (dann auch Regimen) reden wir hier?

Die Vereinten Nationen haben eine »Zentrale Gütersystematik« (CPC)[47] entwickelt. Da diese Systematik die ökonomische Totalerfassung der Welt abbildet, mag eine kurze Beschreibung angebracht sein.

Die Liste erfasst außer Immobilien und Vermögenswerten (etwa Rechte) – fast – alle weltweit gehandelten Waren und Dienstleistungen (die beiden Begriffe werden dort ebenfalls präzise definiert: Ware zum Beispiel ist unabhängig von ihrer Entstehung »jeder Gegenstand, für den eine Nachfrage besteht und an dem Eigentumsrechte geltend gemacht werden können, die auf Märkten übertragen werden«; immerhin wird hinzugefügt: »Manche Waren werden möglicherweise nie ausgetauscht, während andere mehrmals gekauft und verkauft werden.«). Die CPC wird von Zollbehörden, für statistische Zwecke, aber auch in internationalen Handelsverträgen immer wieder zur Definition von Waren und Dienstleistungen herangezogen.

Die Liste ist hierarchisch gegliedert. Sie hat 10 Abschnitte, 71 Abteilungen, 329 Gruppen, 1299 Klassen und 2887 Unterklassen. Abschnitte werden mit einer Ziffer, Abteilungen mit zwei Ziffern usw. bezeichnet. Die Abschnitte beziehen sich auf: Landwirtschaft, Fischerei, Forstwirtschaft (0), Mineralien, Erze, Energie, Gas und Wasser (1), Nahrungsmittelprodukte, Getränke, Tabak, Textilien und Lederprodukte (2), Andere transportfähige Waren außer Metallwaren und Maschinen (3), Metallwaren, Maschinen, Ausrüstung (4), Baumaßnahmen, Bauten, Grund und Boden (5), Dienstleistungen im Handel, Hotel- und Gaststättengewerbe, Transport, Lagerung, Kommunikationsdienstleistungen (6), Finanz- und damit zusammenhängende Dienstleistungen, Immobilien-, Vermietungs- und Leasing-Dienstleistungen (7), Unternehmens- und Produktionsdienstleistungen (8), Gemeinschafts-, soziale oder personengebundene Dienstleistungen (9).

Aus den 618 Seiten nur zwei Beispiele: Die Unterklasse »Wasserverteilung durch Hauptnetze (auf Gebühren- oder Vertragsbasis)« hat die Nummer 86330; die Nummer 97220 ist für kosmetische Behandlung vergeben, auch für Schönheitsoperationen, nicht aber für Facelifting. Tierhäute und -haare sind penibel in Klassen und Unterklassen unterteilt, die Tierpflege fehlt.

Die Liste stützt in gewisser Weise die Schätzung von etwa 2000 »bodies« und ihren Regimen: Nicht jede der 2887 Produkt-Unterklassen wird einen eigenen Wirtschaftsverband benötigen, sodass diese Zahl für die Regime wohl eher zu hoch gegriffen wäre; auf jeden Fall aber dürfte sie über der Zahl von

1299 eher zu unspezifischen »Klassen« liegen. So dass die dazwischenliegende Schätzung von etwa 2000 »bodies« nicht unplausibel erscheint.

Da die Regime immer nur für jeweils einen in der Regel CPC-definierten Produktionsbereich gelten, sind sie nicht gezwungen, sich untereinander zu koordinieren. Die Regime, könnte man sagen, vertragen sich, aber sie sprechen nicht miteinander. Man sollte zögern, von einem Nebeneinander zu sprechen, denn ein solches »Nebeneinander« suggeriert eine Art Verteilung im Raum, wohingegen die Regime ja jede Räumlichkeit hinter sich gelassen haben. Sie überspringen oder unterlaufen alle Staatsgrenzen. Wenn man sich schon eine Art Versammlung der Regime vorstellen möchte, dann noch am ehesten in einer unanschaulichen »Globalisiertheit« der Welt, oder man erfindet ihnen eine eigene, etwas abstrakte »postnationale Konstellation«.[48] Die Schwierigkeit der Benennung einer solchen Zusammenschau der Regime ist ein deutliches Zeichen dafür, dass sie als Gesamtheit noch gar nicht wahrgenommen, viel weniger kritisch oder überhaupt diskutiert werden.

Eine Art Ordnung, welche auch immer, ist hier selbstverständlich nicht gegeben. Es kann sie wohl auch nicht geben, da keine Autorität zu erkennen ist, die über den Regimen stünde und ihr Miteinander ordnen könnte. Über ihnen wölbt sich, wie einst beim Völkerrecht, nur noch der blaue Himmel. Außerdem: Schon aus Gründen der Selbstbehauptung würden die Regime eine hierarchische Ein- und Unterordnung sicher zu verhindern wissen.

Ein stärkerer Grund zeigt sich in dem Unbehagen der (vor allem) deutschsprachigen Rechtswissenschaft in dieser Situation. Sie arbeitet seit jeher mit dem Begriff der »Einheit der

Rechtsordnung«. Wenn diese bedroht scheint, wird von ihren Verteidigern die Gefahr einer »Zersplitterung des Rechts« gesehen.[49] Die einheitliche Rechtsordnung wird überdies seit jeher durch den Staat geschützt: Er, d. h. das Parlament, ist die vereinheitlichende Rechtsquelle. Der Staat sichert die organisatorische Struktur der »Rechtsordnung«, d. h. er bestimmt auch den hierarchischen Stufenaufbau der Gerichte innerhalb des Anwendungsbereichs seiner Verfassung.

Dies alles gibt es in der Welt der Regime nicht, und die Wissenschaft hat sich weithin damit abgefunden. Einige Rechtswissenschaftler sind zwar bereit, in der Rede von der »Rechtsordnung« noch den »Ausdruck einer Hoffnung« auf ein systematisch erfassbares Recht zu sehen;[50] aus solcher Nostalgie folgt aber nichts. Nur noch Resignation spricht aus dem Begriff der »Fragmentierung«[51] des Rechts: als wäre ein vorher zusammenhängendes System in Einzelteile zerfallen, als wären die Regime, wie wir sie kennen, lediglich die Bruchstücke einer eben noch gültigen Rechtsordnung.

Beobachtungen gegenteiliger Art drängen sich auf: Die Regime sind ohne jede Beziehung zu früheren oder heutigen Rechtsordnungen aller Arten (sie stehen, wie gesagt, nicht einmal mehr »neben« diesen). Die Rolle des Staates ist geschrumpft oder gar auf dem Weg in die Obsoleszenz. Einst bestimmte er die umfassende Rechtsordnung, ist nun aber bei den transnationalen Regimen, besonders deutlich in deren »hybriden« Formen, auf das Ausbalancieren, das faktisch gleichberechtigte Aushandeln von Wirtschaftsinteressen reduziert.

Nun gilt auch nichts Hierarchisches mehr: »Die gesellschaftliche Differenzierung«, so ein Maßstäbe setzendes Handbuch grundsätzlich, »verläuft in einer globalisierten Welt aber nicht mehr territorial, sondern funktional. Die gesellschaft-

liche Organisation wird nicht mehr durch Staatsgrenzen ein-
gehegt, sondern vollzieht sich horizontal durch gesellschaftliche Teilsysteme, Wirtschaftsbranchen, Interessengruppen
etc. Entlang dieser funktional ausdifferenzierten Teilsysteme
entstehen transnationale Rechtsregimes [sic]. Sie regeln ihre
Bedürfnisse und Interessen selbst und institutionalisieren
ihre Streitschlichtung und Rechtsdurchsetzung in Verfahren,
die sich von staatlichen Verfahren kaum mehr unterscheiden.«[52] Der Autor sieht genau, dass »unterschiedliche Regime
ihr jeweils eigenes Recht entwickeln« (und also von einer einzigen *lex mercatoria* keine Rede sein kann). Eine soziologisch
inspirierte Rechtstheorie, so die noch feinere Analyse, be-
schreibe diesen Befund schon seit Jahrzehnten.[53]

Widerstand gegen die Regime und ihren Anspruch, sich
ihre privaten Rechtsnormen selbst zu schaffen, regt sich kaum
und wenn, dann schwach. Jürgen Habermas kritisierte zwar
1999 humorig eine gewisse »normative Chuzpe«, erwartete
aber zustimmend »transnationale Regime (...), ohne daß die
Kette der demokratischen Legitimation abreißen müßte«.[54]
Seine Hoffnung geht ins Leere: Die heutigen transnationalen
Regime kümmern sich um keine Legitimation mehr. Autorin-
nen, die dem Politikbetrieb sonst unablässig das Lied der
Regime und der »privaten Autorität« singen,[55] müssen allerdings in der schlichten Beschreibung des Gegebenen immerhin eine unerledigte Frage anerkennen, und zwar die Frage
nach den Zielen: »Argumente, die die Überzeugung stützen,
die Dinge müssen sich ändern oder dürfen sich nicht ändern,
sind heute aus der Mode gekommen, aber die Geschichte
drängt uns, nicht nur zu fragen, wohin wir auf dem Weg sind,
sondern auch, ob es die ›richtige‹ Richtung ist. Das ist eine
unvermeidlich normative Frage.« Folgerungen daraus werden
jedoch nicht gezogen. Am Ende des Textes wird die Frage in

anderer Form wiederholt: »Wenn Staaten ihre traditionellen Autoritätsfunktionen immer weniger ausüben – wenn der private Sektor tatsächlich seine Autorität über viele Bereiche des Wirtschaftslebens ausdehnt –, was bedeutet dies für unser öffentliches Leben? Was geschieht mit Demokratie und Verantwortung, und wie wird die private Autorität die Verteilung von Macht und Ressourcen in der Welt beeinflussen? Wie wird sie die Weltpolitik insgesamt beeinflussen? Das sind einige der wichtigen Themen, die vom Konzept und von der Praxis der privaten internationalen Autorität aufgeworfen werden.« Damit endet der Text: antwortlos.

Die Befürworter der transnationalen Regime sind weltweit in der überwältigenden Mehrheit, und nie drücken sie sich unklar aus. Hier sollen nur zwei extrem entschlossene Vertreter kurz vorgestellt werden.

Der schwedische Politikwissenschaftler Bo Rothmann behauptet in seinem Plädoyer für »Good Governance«, zwischen Korruption und Demokratie bestünde eine Wesensverwandtschaft: »Das Problem ist: Zwischen der Errichtung einer repräsentativen Demokratie und vielen Leistungsmerkmalen guter Governance lässt sich keine direkte Beziehung herstellen. Im Gegenteil: Die Demokratie scheint kurvenlinear mit dem Niveau der Korruption verbunden zu sein. Die empirische Forschung hat Hinweise darauf, dass die Korruption am schlimmsten ist in Ländern, die erst kürzlich demokratisiert wurden, zum Beispiel in Peru unter dem früheren Präsidenten Fujimori und in Jamaica seit der Mitte der 70-er Jahre.«[56] Sein Argument: Die beiden Beispiele, bei denen die Korruption am effektivsten bekämpft worden sei, nämlich Singapur und Hongkong, seien gerade keine Demokratien.

Helmut Willke ist Soziologe, Rechtswissenschaftler und

Professor für Global Governance. Seine Hauptthese klingt einfach, ist aber mit einer anspruchsvollen Systematik unterlegt: Ordnung sei ungeheuerlich, Unordnung sei gut und schön, die Zukunft. Es gelte, die Zwänge zu Einheit und Ordnung abzubauen und so die »Freiräume« für Unordnung zu schaffen. Das erfordert, kaum überraschend, von den Menschen ein neues Denken, dass also »die Menschen als Mitglieder moderner Gesellschaften das Ungeheure in der Ordnung genauso fürchten lernen wie das Ungeheure in der Unordnung«, denn: »Die Kosten der Hyperordnung einer auf feste Territorien verteilten Staatenwelt haben alle Schrecken und Tragödien der Alten übertroffen.«[57] Immer schon habe es eine »Alternative zum Recht« gegeben, und zwar den Markt. Es ist das neoliberale Credo: Das Recht brauche nicht zu regeln, was der Markt regeln könne, und der Markt beziehe seine »Legitimität« – so wörtlich – aus der »Übereinstimmung mit den Gesetzen der Evolution«; ein paar traditionelle Ordnungsvorstellungen böten zwar noch gewisse »Beruhigungen« in den Dingen. Aber: »Nun wäre es an der Zeit, diese Krücken abzuwerfen.« Die Demokratie habe, wenn sie nicht strategisch radikal umlerne, keine Zukunft mehr.

Unter Originalitätsaspekten ist es schade, dass es nur einen Willke gibt, unter anderen nicht.

Der Basler Ausschuss

Die drei mächtigsten standardsetzenden Gruppen in der Finanzindustrie sind der Basler Ausschuss für Bankenaufsicht (Basel Committee on Banking Supervision, BCBS), die Internationale Vereinigung der Wertpapieraufsichtsbehörden (International Organization of Securities Commissions, IOSCO) und die Internationale Vereinigung der Versicherungsaufsichtsbehörden (International Association of Insurance Supervisors, IAIS).[58] Alle drei haben ihren Sitz in Basel, und zwar in der Bank für Internationalen Zahlungsausgleich (BIZ). Irgendwo neben ihnen steht, nicht weisungsbefugt, seit 2009 das Financial Stability Board (sein Vorsitzender, nach Mario Draghi, ist Mark Carney, Präsident der Bank of England). Von den genannten Gruppen ist der Basler Ausschuss der wichtigste. Über ihm und also über allen schwebt irgendwie die G20.[59]

Die auch Fachleuten unbekannte Vielzahl an Beschlüssen und Empfehlungen nationaler, supranationaler und internationaler Gruppen und Foren hat inzwischen einen Umfang angenommen, der ihr Management fast unmöglich macht. Man braucht sich dazu nur drei Zahlen des Basler Ausschusses vor Augen zu halten: Das »Basel I« genannte Regelwerk von 1988 umfasste insgesamt 120 Seiten, Basel II (ab 2004) bereits 350 und Basel III (seit 2010) derzeit 4600 Seiten. Zudem haben die Standards ein Maß an technischer Komplexität erreicht, das eine Umsetzung nur in den ohnehin hoch entwickelten Finanzmärkten und nur aufseiten der Banken gestattet. Selbst der Internationale Währungsfonds kann sich manche Widersprüche zwischen den Abertausenden von Empfehlungen und Regeln nicht mehr erklären, was – so die ausdrückliche Warnung – zu »unbeabsichtigten Konsequenzen«[60] führen könne (er hält es außerdem für möglich, dass sich durch Basel III eine deutliche Verlagerung von Risiken auf die Verbraucher ergeben wird).

Das Folgende beschränkt sich auf die Beschreibung des Basler Ausschusses.

Struktur und Arbeitsweise

Kurz nach der Insolvenz der Privatbank Herstatt wurde Ende 1974 der Basler Ausschuss eingerichtet, und zwar von den Notenbankpräsidenten und den Aufsichtsbehörden der elf wichtigsten Industriestaaten; mittlerweile gehören ihm insgesamt Vertreter aus 27 Ländern an[61], außerdem drei weitere als Beobachter sowie fünf andere Gruppen (darunter die BIZ, die Europäische Kommission und der Internationale Währungsfonds). Der Ausschuss beaufsichtigt sich sozusagen selbst: Übernommen hat diese Aufgabe die »Gruppe der Zentralbankpräsidenten und Leiter der Bankenaufsichtsinstanzen« (GHOS).

Der Basler Ausschuss trifft sich viermal im Jahr. Ansonsten ist er so sehr nicht-organisiert, dass er weder eine Telefonnummer hat noch eine eigene Adresse: Die logistische Unterstützung erhält er von der BIZ.

In seiner Gründungscharta ist unter »Mandat« festgehalten: »Der BCBS ist die weltweit wichtigste normgebende Instanz für die Bankenregulierung und dient als Forum für die Zusammenarbeit in Fragen der Bankenaufsicht. Sein Mandat ist es, die Bankenaufsicht mit Blick auf die Regelungen, Verfahren und Bankpraktiken weltweit zu stärken und dadurch die Finanzstabilität zu fördern.« Es sei jedoch lediglich ein »Forum für die Zusammenarbeit in Fragen der Bankenaufsicht«. Gleich danach wird verdeutlicht, der Ausschuss »verfügt über keinerlei formelle supranationale Befugnisse. Seine Beschlüsse besitzen keine Rechtskraft.« Er vertraue »auf die Verpflichtungen, die seine Mitglieder eingehen«.

Die Definition der Mitglieder ist weitgefasst: »Instanzen mit direkten Bankenaufsichtsbefugnissen sowie Zentralbanken«. 1983 wurde das »Basel Concordat« publiziert. Dann folgte ein »Basel« dem anderen: 1988 der »Basler Akkord« (später nummeriert: Basel I), 2007 die »Rahmenvereinbarung zur neuen Basler Eigenkapitalempfehlung für Kreditinstitute« (Basel II) und 2010, nach der Weltfinanzkrise, nun das bisher letzte Rahmenwerk zur Bankenregulierung (Basel III). Die manchmal kolportierte Nachricht, es sei bereits ein »Basel IV« in Vorbereitung, ist allerdings unrichtig. Die Falschmeldung begründet sich durch die Komplexität der Bestimmungen: Die Basel-III-Vereinbarung wird nämlich laufend überarbeitet und soll nach langen Anpassungsfristen frühestens 2019 abgeschlossen sein. Das hinterlässt bei vielen Beobachtern den Eindruck, hier werde gar nicht mehr Basel III verfeinert, sondern es gehe schon um die Vereinbarung neuer Standards.

Bei der Regelsetzung verwendet der Ausschuss seit Basel II das sogenannte »notice and comment«-Verfahren. Es ist in den Grundzügen dem US-amerikanischen Verwaltungsrecht abgeschaut und besteht dort aus einer öffentlichen Information über Gesetzesvorhaben, wonach die Kommentare von der Behörde berücksichtigt werden müssen (ein Richter überprüft die Korrektheit des Verfahrens). Dem Basler Ausschuss wird zugutegehalten, dass er ebenfalls ein »notice and comment«-Verfahren anwendet. Aber dessen Informationen gehen ausschließlich an Banken und Finanzinstitute, also gerade nicht an die Öffentlichkeit. Das bedeutet: Die Banken regeln sich am Ende selbst.

Eine weitere Kritik an dem Verfahren setzt an der Zahl der Kommentare je Land an:[62] In den 40 Jahren des Basler Ausschusses bis 2014 kamen aus den USA und Großbritannien zusammen 842 Kommentare, schon an dritter und vierter Stelle folgen Deutschland mit lediglich 184 und Belgien mit 155 Kommentaren; das Bankenland Schweiz ist nur mit 46 Kommentaren vertreten. 60 Prozent aller Länder haben jeweils kaum eine Handvoll Antworten geschickt (Afrika nördlich von Südafrika ist dabei praktisch eine weiße Landkarte). Aufgeschlüsselt nach Absendern liegt die Deutsche Bank mit allein 28 Kommentaren an fünfter Stelle (nach Instituten aus Kanada, Frankreich, Japan und Hongkong).

Die Verteilung der Kommentare zeigt, dass, erstens, kleine und Entwicklungsländer als *quantité négligeable* eigentlich gar nicht erst gefragt zu werden brauchen und dass, zweitens, der Ausschuss praktisch von den angelsächsischen Banken und ihren Verbänden beherrscht wird.

Basel III

Schon aus Raumgründen (von der fehlenden Fachkompetenz gar nicht zu reden)[63] können hier die 4600 Seiten der Vereinbarung nicht analysiert werden. Nur ein Aspekt soll stark vereinfacht hervorgehoben werden.

Die Bewertung des Eigenkapitals war schon in Basel II den Banken selbst überlassen, d. h. sie konnten auch wacklige Vermögenswerte mit einem geringeren Risiko gewichten, also mit einem höheren als ihrem tatsächlichen Wert in die Bilanz aufnehmen. In dieser selbstständigen Risikogewichtung erkannten schon damals viele Kritiker die Gefahr einer »geschönten« Darstellung der Situation der Bank. Das Verlangen, für alle Banken und alle Arten von Vermögenswerten eine einheitliche Risikogewichtung vorzuschreiben, scheiterte selbstverständlich an dem beliebten Argument, man könne doch nicht einfach »One size fits all« vorschreiben (das wäre ja »Gleichmacherei«).

Auch Basel III lehnt die einheitliche Risikobewertung zwar ab, aber die Definition von Eigenkapital wurde ein wenig schärfer gefasst und außerdem gegen die Gefahr einer uneinheitlichen Risikogewichtung eine Verschuldungsgrenze je Bank als eine Art Feuerlöscher installiert. Diese Kennzahl legt fest, wie stark sich eine Bank im Vergleich zu ihrem Kernkapital (dem »harten Kern« des Eigenkapitals) verschulden darf, und soll ab 2018 für alle Banken gelten. Danach dürfen sich die Institute nur noch bis zum 33,3-fachen ihres Kernkapitals verschulden.[64]

Hervé Hannoun, 2010 der stellvertretende Generaldirektor der BIZ, feierte in einer Rede in Hongkong ausführlich den »entscheidenden Durchbruch«, d. h. das vorläufige Ende der Basel-III-Verhandlungen. Nachdrücklich verlangte er von Regierungen und Parlamenten ein taubes Ohr gegen alle Versuche der Lobbyisten, die genannte Verschuldungsgrenze zu verwässern und wegzudiskutieren. Er nannte dabei sogar den Steuerzahler als Nutznießer dieser Maßnahme, da ohne ihn das Problem insolventer Banken, die dann ja vom Staat gerettet werden müssten, wieder akut würde (nebenbei sah er auch noch Gefahren für das fortdauernde Wirtschaftswachstum).

Dazu ist zweierlei zu sagen.

Erstens: Für den Redner liegt die Rettung von Privatbanken durch Steuergelder in der Natur der Sache (von der Rettung nur »systemrelevanter« Institute ist schon gar nicht mehr die Rede). Diese Selbstverständlichkeit ist atemberaubend. Was hier in Wahrheit zum Durchbruch kommt, ist der glänzende Erfolg der Finanzindustrie, mit dem die Banken sich seit 2008 »aus der Schusslinie« nahmen: Sie machten aus der Finanz- eine Staatsschuldenkrise. Die Verluste der privaten Banken wurden dabei der Allgemeinheit vor die Füße gelegt, sie wurden »sozialisiert«.[65] Damit war die Krise ein Problem des Steuerzahlers. Und wer nun qua Basel III Regierungen zum Widerstand gegen Lobbyisten aufruft, ist automatisch ein guter Mensch. Gegen solche Anmutungen ist eine gewisse Skepsis also nicht unbegründet.

Zweitens aber: Wenn man das Argument stark abschwächt, hat es eine gewisse Berechtigung. Zwar blieb der Protest der Finanzindustrie gegen Basel III eher schwach (kein Wunder, sie konnten sich im Großen und Ganzen auf ihre Zentralbanken am Verhandlungstisch verlassen). Auch aus der übrigen Wirtschaft hörte man kaum Widerworte.[66] Im Nachhinein aber und bis heute tun die Lobbyisten der Finanzindustrie in den Kulissen alles, um die »technischen Modifikationen«,[67] die der Ausschuss an Basel III laufend vornimmt, in ihrem

Sinn zu gestalten. Erfolgreich: Die Belastung der Banken durch die erhöhte Eigenkapitalausstattung konnte deutlich verringert werden. Matthias Peter von KPMG sprach es aus: »Die neue Regelung ist eindeutig bankenfreundlich«, trotz der Mehrbelastung, die er selbstverständlich nicht zu erwähnen vergaß.

Dynamik und Übernahme

Wie kam nun Basel III, das systemisch mächtigste aller transnationalen Regime, zustande? Wurden hier irgendwelche Weisungen ausgesprochen?

Die Antwort fällt alles andere als leicht.

Am Anfang war die Lehman-Brothers-Pleite im September 2008. Noch überrascht von deren Schockwellen, traf sich im April 2009 die G20 in London. Man erinnert sich: Die G20 ist keine internationale Organisation, auch keine juristische Person, sie hat keine rechtliche Grundlage (auch kein Sekretariat und keine Adresse). Sie arbeitet allein mit der »Macht der Nicht-Formalität« (David Cameron).[68] In der Londoner Erklärung drückte man sich demgemäß noch weich aus: Man sei »übereingekommen«, dass das Financial Stability Forum (das als Frühwarnsystem offenkundig versagt hatte), in »Financial Stability Board« umbenannt und neu besetzt werden soll. Auf dem G20-Gipfel im November 2010 in Seoul gingen die Regierungen dann aber weiter. Sie »stellten sicher«, die neue Bankenregulierung »vollständig umzusetzen«. Beim G20-Treffen im November 2011 in Cannes wird erstmals von »Basel III« gesprochen.

Auch der Basler Ausschuss ist keine internationale Organisation, allenfalls ein Koordinationsforum. Aber immerhin sind seine Mitglieder außer den Zentralbanken auch die Aufsichtsbehörden der 20 Länder (im Fall der Bundesrepublik ist das die BaFin, die Bundesanstalt für Finanzdienstleistungsaufsicht, eine rechtsfähige Bundesanstalt, die der Aufsicht des Finanzministeriums untersteht). Wenn der Basler Ausschuss etwas »entwickelt«, dann kann dies in Deutschland rechtlich umgesetzt, also »beschlossen« werden (von der Europäischen Union wird gleich zu sprechen sein). Strenggenommen kann die G20 den Basler Auschuss nur »bitten«,[69] den »globalen Rahmen« zu entwickeln.

Aber der Ausschuss hatte den »sollte«-Wink schon richtig verstanden und machte sich an die Arbeit.

Interne Dokumente zu Basel III sind naturgemäß unveröffentlicht und nicht allgemein zugänglich (es ist sogar unbekannt, ob im Ausschuss Protokolle überhaupt angefertigt werden). Gleichwohl haben wir Hinweise auf den Verlauf der Gespräche.

Es wurde beobachtet, dass die sonst im Ausschuss übliche Konsensbereitschaft in den Basel-III-Verhandlungen schwach war. Das lag vor allem an den auseinanderstrebenden Interessen der Ausschuss-Mitgliederländer, die ihre nationale Finanzindustrie möglichst unbelastet sehen wollten. Dass dabei das wirtschaftliche Übergewicht der hegemonialen Mitgliederländer USA und Großbritannien nicht gerade konsensstiftend wirkt, dürfte auf der Hand liegen. Es ist aber ein spezieller Frontverlauf der Auseinandersetzungen festzustellen: Die beiden genannten »big players«, übrigens zusammen mit der Schweiz und Schweden, verlangten eine erheblich striktere Definition von Eigenkapital (nur das Aktienkapital sollte als Eigenkapital gelten), wohingegen die kontinentaleuropäischen

Länder, unterstützt von Japan, auch weichere Guthaben berücksichtigt haben wollten. Diese Letzteren sprachen sich außerdem gegen die Verschuldungsgrenze aus und verlangten längere Anpassungsfristen.

Der erwähnte Hervé Hannoun zeichnete ein noch drastischeres Bild: Er sprach von einer »erbitterten Schlacht« (»a fierce battle«) des Ausschusses, ja aller Aufsichtsbehörden gegen den »erheblichen Widerstand von Teilen der Finanzindustrie«. Damit waren zweifellos Versuche der Bankenlobby gemeint, auf Basel III Einfluss zu nehmen, d. h. die Eigenkapitalanforderungen gering zu halten.

Trotz dieser internen Querelen brauchte der Basler Ausschuss nicht viel Zeit für seine Vorschläge: nur die anderthalb Jahre von der Londoner G20-Erklärung bis zum Dezember 2010. Bereits einen Monat vorher, im November 2010, lobte sich die G20 ausgiebig selbst: Seit der Krise »haben wir (...) mit Hilfe der internationalen Organisationen, insbesondere des Rates für Finanzstabilität (Financial Stability Board – FSB) und des Basler Ausschusses für Bankenaufsicht (Basel Committee on Banking Supervision – BCBS), gemeinsam wichtige Schritte hin zur Wiederherstellung des Finanzsystems unternommen«. Sodann das exekutive Gütesiegel: Man habe die »Grundsatzvereinbarung des BCBS über die neue Rahmenregelung für Bankenkapital und -liquidität gebilligt«. Auch alles Weitere ist jetzt vorgeschrieben: »Wir bekennen uns dazu, diese Standards in dem vereinbarten Zeitrahmen (...) anzunehmen und uneingeschränkt umzusetzen. Das neue Rahmenwerk wird in unsere innerstaatlichen Gesetze und sonstigen Rechtsvorschriften aufgenommen, ab dem 1. Januar 2013 umgesetzt und bis spätestens zum 1. Januar 2019 vollständig eingeführt sein.« Mit anderen Worten: Die Regierungen, ohne ihre Parlamente, legen fest, dass etwas in die nationalen Gesetze »aufgenommen« wird.

Im September 2013 verkündete die G20 in Sankt Petersburg dazu die globale Erfolgsmeldung, »alle bedeutenden Staaten und Gebiete haben – teilweise oder vollständig – neue weltweite Eigenkapitalvorschriften umgesetzt (Basel III)«. Die Sache scheint damit erledigt, denn in den darauf folgenden Gipfelerklärungen der G20 taucht das Thema, wohl von aktuelleren Weltproblemen verdrängt, nicht mehr auf.

Es folgen ein paar Umbenennungen: Basel III wird in zwei Teilen (zusammen oft als »CRD-IV-Paket« bezeichnet) in EU-Recht umgesetzt, nämlich teils in der sog. Capital Requirements Directive (CRD IV als solche), die eine Umsetzung in nationales Recht nach sich zieht, und teils in der Capital Requirements Regulation (CRR), die als Verordnung unmittelbar geltendes EU-Recht ist.[70] Dabei werden die Vorschläge des Basler Ausschusses im Wesentlichen unverändert übernommen. An dieser Stelle betreten wir wieder festen legislatorischen Boden: Die Verordnung (EU) Nr. 575/2013 liegt vor, ebenso (in Deutschland) das CRD-IV-Umsetzungsgesetz vom 25. August 2013. Rückblickend werden in der Verordnung die ursprünglichen »sollte«-Wünsche der G20 zum »Auftrag« mit »Forderungen«. So stolz ist man auf sich.

Wird hier ein Muster erkennbar?

Wir haben, formal unabhängig voneinander, zwei Hauptakteure ohne Über- oder Unterordnungsverhältnis. Das Procedere: Ein privater Club, die Regierungschefs der G20 (keine Organisation, keine Adresse, kein Weisungsrecht, kein Mandat), erklärt etwas für erwünscht; ein zweiter Club, der Basler Ausschuss (ebenfalls keine Organisation, keine Rechtsperson, kein Mandat), hört das und macht sich an die Arbeit. Er übergibt das Resultat den Regierungen der G20. Die »übernehmen« die »Maßnahmen« formlos (Cameron: »schnell, flexibel, effektiv«) und verpflichten sich, sie »uneingeschränkt umzusetzen«. Bis hierher wurde keine Öffentlichkeit und kein Parlament mit der Sache befasst. Zuletzt wird das fertige Paket Parlamenten vorgelegt, die es – weil von den zwanzig Regierungschefs schon vorab »gebilligt« – durchwinken. Das Parlament hat »nur ein Zustimmungsrecht oder sogar nur ein Anhörungsrecht«.[71]

Generell und mit einem etwas breiteren Pinsel gezeichnet: Zwei niemandem verantwortliche »bodies« wollen ein transnationales Regime. Die »bodies« können nicht durch eine demokratische Wahl abgewählt werden. Sie schreiben einen Text, der dann formal noch durchs Parlament muss. Da keiner der beiden eine juristische Person ist, kann niemand sie vor irgendeinem Gericht zur Rechenschaft ziehen.

Die Grenzen verschwimmen. Zwischen Staat und Wirtschaft ist kein Abstand und kein Gegensatz mehr zu sehen. In der G20 verhandeln die Exekutiven der mächtigsten Länder bzw. im Basler Ausschuss ihre Behörden mit den Bankenvertretern und stecken ihre jeweiligen Einflusssphären ab (»Chicago – südlicher Abschnitt«). Nur: Im Unterschied zu ›Manche mögen's heiß‹ wird das jetzt geltendes Recht.

5 Die ICH

Die ICH hat wahrscheinlich den längsten Namen aller »bodies«. Sie hieß – bis zur Umbenennung in »Council« – offiziell »International Conference on Harmonisation of Technical Requirements for Pharmaceuticals for Human Use« (ICH). Sie hat ihren Sitz in Genf.

An der Wiege der ICH standen (April 1990 in Brüssel) drei Patinnen (zusammen auch Triade genannt), die mächtigsten Wirtschaftsregionen der Welt: die EU, Japan und die USA, jede von ihnen verkörpert durch zwei Organisationen, und zwar ihre offizielle Zulassungsbehörde und dazu den Spitzenverband der Pharmaindustrie.[72] Dass so oft nur von drei (und nicht von sechs) Ur-Mitgliedern erzählt wird, verweist auf das einverständige Miteinander der staatlichen Exekutiven mit ihren Wirtschaftsverbänden.

Die ICH hat diese heute übliche Kooperation überhaupt erst ins Leben gerufen: Sie war – von bilateralen Konsultationen abgesehen – historisch die erste Gruppe, in der die Exekutive sich mit der privaten Wirtschaft zur Standardsetzung zusammensetzte, d. h. zum ersten Mal trat eine Wirtschaftsbranche, die Pharmaindustrie, als »global player« in Erscheinung; und diese Gruppe bestand auch gleich aus den drei mächtigsten Wirtschaftsregionen der Welt.

Nach dem Erfolg der ICH wurden bald ähnliche »bodies« gebildet, etwa für Medikamente in der Veterinärmedizin, für Medizingeräte (Global Harmonisation Task Force, GHTF) oder Kosmetika (International Cooperation on Cosmetics Regulation, ICCR). Eine Art Konkurrenz zur ICH ist seit 2013 das kleinere International Pharmaceuticals Regulators Forum (IPRF), eine jüngere »Diskussions-Plattform« mit nur einem guten Dutzend Mitgliedern (darunter erwartungsgemäß wieder die Regulierungsbehörden der USA und der EU).

Kurze Geschichte

Der Beginn der ICH, im April 1990 in Brüssel, war eine Initiative der Europäischen Wirtschaftsgemeinschaft. Die Einladung wurde von einem Dachverband der Pharmawirtschaft ausgesprochen, der European Federation of Pharmaceutical Industries and Associations (EFPIA). Gleich zu Beginn wurden Arbeitsgruppen und ein Lenkungsausschuss eingerichtet. Die Generalversammlung der ICH findet alle zwei Jahre statt, und die sechs Gründungsmitglieder sind dabei jedes Mal mit Tausenden von Experten vertreten.

Einige Organisationen, z. B. die Weltgesundheitsorganisation (WHO) und viele Nicht-Mitgliedsstaaten, haben Beobachterstatus ohne Stimmrecht. Das Sekretariat der ICH wird von der International Federation of Pharmaceuticals Manufacturers and Associations (IFPMA) gestellt. Unabhängig davon arbeiten die Regulierungsbehörden fast aller Mitgliedsstaaten der Weltgesundheitsorganisation WHO auch noch in der International Conference of Drug Regulatory Authorities (ICDRA) zusammen.

Ziel der ICH ist globale Harmonisierung von Zulassungsbedingungen für Medikamente (als Vorbild diente ihr der Gemeinsame Markt der EU). Zu diesem Zweck werden von den Arbeitsgruppen Leitlinien zu drei wesentlichen Aspekten entwickelt: zur Qualität, zur Sicherheit und zur Wirksamkeit der Pharmaprodukte.

Die Leitlinien kommen bis heute in einem fünfstufigen Verfahren zustande (ähnlich der »notice and comment«-Variante des Basler Ausschusses). Im ersten Schritt wird vom Lenkungsausschuss ein Konzeptpapier erstellt und dazu aus Vertretern der drei Gründungsmitglieder sowie der Schweiz und Kanada, den sogenannten Regulierungsmitgliedern, eine Experten-Arbeitsgruppe gebildet. Wenn die Arbeitsgruppe sich auf einen Text geeinigt und außerdem der Lenkungsausschuss zugestimmt hat, wird das Papier als »Leitlinien-Entwurf« den fünf Regulierungsmitgliedern vorgelegt. Nach deren Einigung geht der Entwurf sodann in die breit angelegte Konsultation mit Beteiligten in den ICH-Regionen, aber auch darüber hinaus. Die nach Bearbeitung der Kommentare im Konsens der Regulierungsmitglieder harmonisierte Leitlinie wird dann veröffentlicht. Der fünfte und letzte Schritt besteht in der Implementierung durch die jeweiligen nationalen oder supranationalen Gesetzgebungsverfahren.

Die Erfolge der ICH sind beeindruckend. Die Leitlinien wurden schon sehr früh weltweit, auch von Nicht-Mitgliedern, akzeptiert und in geltendes Recht übernommen. Der internationale Handel mit Medikamenten erfuhr dadurch einen ungeahnten Aufschwung (er ist bis 2015 auf etwa 1 Billion US-Dollar gestiegen). Starken Anteil an diesem Erfolg hatte auch die Gründung der Global Cooperation Group (GCG) durch die ICH im Jahr 1999, die vor allem Entwicklungsländern bei der Implementierung der Leitlinien helfen sollte. Eine globale De-facto-Harmonisierung wurde vor allem durch die Leitlinie

»Good Clinical Practice« (GCP) erreicht, mit der Klinik-Tests neuer Medikamente weltweit vereinheitlicht wurden. Die Umsetzung in geltendes Recht stößt in keinem der Fälle auf ein Hindernis, schon deshalb nicht, weil sich ja immer schon alle auf den gemeinsamen Standard geeinigt haben.

Die ICH ist damit erheblich erfolgreicher als die multilaterale Weltgesundheitsorganisation WHO. Auch die WHO hatte früh den Kontakt zu den Pharmaunternehmen gesucht, fand aber kein großes Echo dort. An die Stelle der WHO trat nun die ICH. Die ICH ist allein damit die weltweit bedeutendste Public-Private-Partnership, dass sie die Zulassung neuer Medikamente praktisch im globalen Maßstab standardisiert hat. Wohlgemerkt: auf freiwilliger Basis, denn anders als die WHO, in der (fast) alle Staaten der Welt vertreten sind, hat die ICH kein Mandat, also keine völkerrechtliche Legitimität.

Niemand ist verpflichtet, den Empfehlungen der ICH zu gehorchen. Die ICH ist nicht aufgrund irgendeines Weisungsrechts erfolgreich, sondern weil sich ihre Tätigkeit als effizient erwiesen hat. Sie ist unter diesem Aspekt ein Beispiel für eine »post-nationale Regelsetzung« einer »internationalen öffentlichen Behörde«.[73] Was die kritische Frage aufruft, ob oder inwieweit Effizienz Legitimität ersetzen darf.

Kritik

Bei so umfassender Akzeptanz der ICH-Leitlinien kann es nicht ausbleiben, dass diese auch problematische Bestimmungen enthalten. Insbesondere ist die ICH keine Garantie dafür, dass im Zug der Harmonisierung hohe Standards beibehalten werden. Im Gegenteil: Es gibt Fälle, in denen die Sicherheit der Patienten gegenüber der Schnelligkeit der

Markteinführung hintangesetzt wurde. Einer dieser Fälle betrifft das Krebsrisiko (die Karzinogenität) von Medikamenten in klinischen Tests.[74] Die Behörden sowohl in den USA als auch in Japan erkennen an, dass klinische Versuchsdaten zwölf Monate lang dokumentiert werden müssen, weil sich bestimmte Symptome erst in diesem Zeitraum ergeben. Die ICH jedoch empfiehlt, einige dieser klinischen Tests an Patienten schon nach drei, andere nach sechs Monaten abzuschließen und dann sofort die Marktzulassung der Medikamente zu erteilen.[75] Ähnlich verfuhr die ICH, als sie die Mindestbeobachtungsdauer für einige neue Medikamente von zwölf Monaten auf sechs halbierte, obwohl sie darauf aufmerksam gemacht wurde, dass schwere Nebenwirkungen erst nach sechs und manche sogar erst nach zwölf Monaten aufträten.[76]

Eine damit scheinbar im Widerstreit liegende Kritik richtet sich gegen die von der ICH geforderte Hochtechnologie bei Überprüfungen. Die WHO hat die ICH (vergeblich) darauf hingewiesen, dass die Hochtechnologie keinen erkennbar höheren Sicherheitsstandard gewährleiste, für die Produzenten jedoch erheblich höhere Kosten entstünden. Die Kritik ergibt sich aus dem Verdacht, für die großen Pharmakonzerne seien die zusätzlichen Kosten ein kleineres Problem als für kleinere Produzenten, speziell für solche aus Entwicklungsländern; das Vorgehen diskriminiere also die finanziell schwächeren Produzenten. Die WHO empfahl deshalb, Prüfregeln sollten »durch nachgewiesene Erfordernisse der Öffentlichen Gesundheit und nicht allein durch den technischen Fortschritt bestimmt werden«.[77] Es liegt auf der Hand, dass mit dieser Protektion der Großen der Zugang zu neuen Medikamenten auf technisch hochentwickelte Länder beschränkt bleibt.

Es gibt jedoch weitaus konkretere Hinweise auf den Einfluss der mächtigen Pharmakonzerne auf die ICH. Es verdient eine Erwähnung, dass man sich auch in dieser Kooperation nach dem Vorbild der EU richtete.

Zunächst ist hier die IFPMA zu nennen, die, wie kurz erwähnt, der ICH ein Sekretariat zur Verfügung stellt. Die IFPMA hat als Mitglieder etwa 50 Industrieverbände und außerdem mindestens 30 Pharmaunternehmen aus aller Welt. Das Sekretariat legt für die ICH die Tagesordnung fest und lädt zu den Sitzungen ein.

Den direkten Zugang jedoch zu den Letztentscheidungen der ICH haben die drei großen Industrieregionen selbstverständlich über ihre jeweiligen Spitzenverbände in der Triade. Dass diese Verbände (EFPIA für die EU, mit über 40 großen europäischen Unternehmen; die JPMA für Japan und die PhRMA für die USA) auch die Kosten für das ICH-Sekretariat tragen, sichert ihnen weiteren Einfluss.

Das fünfschrittige Verfahren der Konsultation und Empfehlungsfindung sieht auf den ersten Blick fast basisdemokratisch aus. Es hat aber gravierende Mängel.

Erstens versteht sich die ICH als geschlossene Gesellschaft, d. h. sie wendet sich in dem Verfahren ausschließlich an die Organisationen, die bei ihr als Mitglieder (aller Art) geführt werden. Wer nicht dazugehört, wird also nicht konsultiert. Besonders auffallend ist hierbei das Fehlen irgendeiner Patientenorganisation (die Nicht-Organisation ICH kann ohnehin von einer Patientenorganisation nicht juristisch zur Rechenschaft gezogen werden). Und zweitens gibt die ICH nicht einmal dem privilegierten Kreis der Befragten bekannt, ob deren Kommentare berücksichtigt oder verworfen wurden (womit entsprechende Begründungen ebenfalls unnötig werden).

Umwege zum Recht

Zur Erinnerung: Die ICH ist keine internationale Organisation, sie hat keine eingeschriebenen Mitglieder, also auch keine Mitgliederversammlung, die verantwortliche Organe wählen könnte (die auf der Website der ICH üppig dokumentierten »Versammlungen« sind nur gut besuchte Expertentreffen). Die sogenannten Gründungsmitglieder haben genaugenommen nichts gegründet, sondern sich nur gesprächsweise auf gewisse Konsens- und Konsultationsverfahren geeinigt. Die ICH hat keine Rechtsform und kann vor Gericht nicht klagen oder verklagt werden.

Die ICH spricht Empfehlungen aus, die mit den Regulierungsbehörden mächtiger Länder und Regionen bis zum Konsens verhandelt und vereinbart wurden, so dass am Ende kein Staat mehr Einwände hat (irgendein ohnehin nicht beteiligtes Parlament schon gar nicht).

Damit sind die Empfehlungen aber noch nicht geltendes Recht. Nehmen wir (in diesem Kapitel) einmal an, es bestünde ein solches Erfordernis, eine Annahme, die nach dem Grundgesetz der Bundesrepublik Deutschland (»Rechtsstaat«), aber auch der EU-Verträge (»Raum des Rechts«) nicht unplausibel ist. Dann stellt sich die Frage: Wie werden die transnationalen Empfehlungen der ICH zu geltendem Recht innerhalb eines Staates?

Es gibt dafür verschiedene Wege. In den USA etwa ist die FDA gehalten, eine Empfehlung der ICH anzunehmen, muss den Entwurf aber vor den ICH-Treffen öffentlich zur Diskussion stellen. So viel Information der Öffentlichkeit ist sonst nicht üblich. Die Swissmedic zum Beispiel kennt eine solche öffentliche Diskussion auf keiner Stufe der Empfehlungen.

Die EMA, die European Medicines Agency (Europäische

Arzneimittelagentur) kennt öffentliche Diskussionen ebenfalls nicht. 1995 wurde die EMA als offizielle Agentur der EU gegründet und hat die Aufgabe, durch die Überwachung von Humanarzneimitteln die Gesundheit der Menschen in der EU zu schützen und zu fördern. Zu diesem Zwecke erarbeitet die EMA, durch ihren Ausschuss CHMP (Committee for Medicinal Products for Human Use), ihrerseits Leitlinien für die Zulassung von Medikamenten. Diese Leitlinien werden nur in geringem Umfang vom CHMP selbst erarbeitet, in der Hauptsache werden Leitlinien anderer Herkunft, insbesondere der ICH, bestätigt und »übernommen«: »In der Europäischen Union implementiert der Ausschuss für Humanarzneimittel (CHMP – Committee for Medicinal Products for Human Use) die Leitlinien der ICH.«[78] Die CHMP-Leitlinien als solche sind zwar für die Mitgliedsstaaten noch nicht verbindlich; sobald jedoch die EMA sie bestätigt, erhalten sie Rechtskraft in der gesamten EU. Die EMA hat also in der Europäisierung des Medizinrechts das letzte Wort.

Die Selbstaussagen der EU zu diesem Thema leiden unter einer gewissen Undeutlichkeit und Metaphorik. Auf Anfrage teilt die EU-Kommission (Generaldirektion Gesundheit und Verbraucherschutz) mit, die EU-Rechtsvorschriften würden durch eine Reihe von Leitlinien »flankiert«. Und weiter: »Die Leitlinien der Internationalen Harmonisierungskonferenz (ICH) zu wissenschaftlichen Fragestellungen werden dadurch in den Rechtsrahmen der Europäischen Union eingebunden, dass der Ausschuss für Humanarzneimittel der Europäischen Arzneimittel-Agentur (EMA) den harmonisierten Wortlaut annimmt. (...) Der Ausschuss für Humanarzneimittel ist in alle Phasen der Arbeit der Internationalen Harmonisierungskonferenz eingebunden, und die von der ICH behandelten Themen werden auch im Rahmen des Arbeitsprogramms der zuständigen Arbeitsgruppen bzw. von Ad-hoc-Arbeitsgruppen des Ausschusses erörtert. (...) Sobald der Ausschuss für Humanarzneimittel eine ICH-Leitlinie angenommen hat, hat sie denselben Status wie andere auf europäischer Ebene erlassene wissenschaftliche Leitlinien und ersetzt die bestehenden Leitlinien, die bisher für diesen Bereich galten. Die EMA veröffentlicht die neuen oder aktualisierten Leitlinien auf ihrer Website. Da für Arzneimittel in der EU ein gemeinsamer Rechtsrahmen gilt, stellen die zuständigen nationalen Behörden in den Mitgliedstaaten dieselben rechtlichen Anforderungen, z. B. an nationale Arzneimittelzulassungen, wie die Europäische Kommission an EU-weite Zulassungen.«[79]

Das sieht trotz der schwammigen Ausdrucksweise (»eingebunden«) nach geregelter Zusammenarbeit aus. Auf die Frage, ob dies nur gewachsene gängige Praxis sei oder aber auf einer Art gesetzlichem Auftrag beruhe, erhält man von der EMA einen noch detaillierteren Hinweis: Es gebe tatsächlich ein »gesetzliches Mandat«, und das sei in der Verordnung (EG) Nr. 726/2004 in Artikel 57 1 j zu finden.[80]

Hier betritt man nun aber vollends unübersichtliches Gelände.

Der Artikel 57 der Verordnung behandelt die Aufgaben der EMA und listet unter 1 (j) u. a. Folgendes auf: »Unterstützung von Maßnahmen zur Förderung der Zusammenarbeit zwischen der Gemeinschaft (...) und Drittländern, (...), insbesondere im Rahmen von Diskussionen anlässlich internationaler Harmonisierungskonferenzen.« Die ungenaue Formulierung (vor allem der Plural) deutet nicht zwangsläufig auf die ICH hin. Von einem »gesetzlichen Mandat« erwartet man eine präzisere Definition. So sind sich Rechtsexperten denn auch nicht einig, ob damit wirklich (oder gar ausschließlich?) die ICH gemeint ist.

Einen Fingerzeig darauf, dass dies der Fall sein könnte, gibt allerdings das Dritte Gesundheitsprogramm der EU (Arbeitsprogramm für 2016), in dem die ICH ausdrücklich erwähnt ist. Dort heißt es unter »Sonstige Maßnahmen«: »Erarbeitung der EU-Vorschriften für das Inverkehrbringen von Humanarzneimitteln durch die Internationale Konferenz zur Harmonisierung der technischen Anforderungen an die Zulassung von Humanarzneimitteln (ICH).« Das klingt nun fast so, als wäre die ICH im Auftrag der EU tätig; ein solcher Auftrag wurde aber nie erteilt.

Damit endet aber noch nicht die Undurchsichtigkeit der Verhältnisse. Denn die ICH als »Internationale Konferenz« gibt es irgendwie gar nicht mehr.

Am 23. Oktober 2015 trafen sich die Ur-Mitglieder (drei bzw. sechs) in Genf und gründeten diesmal wirklich etwas, und zwar einen Gemeinnützigen Verein nach Schweizer Recht, den sie »International Council for Harmonisation of Technical Requirements for Pharmaceuticals for Human Use« nannten (die Abkürzung ICH konnte man also beibehalten). Also nun »Council« statt »Conference«. Die ICH-Website teilt unter »Organisational Changes« zu dem neuen Namen lediglich mit, er ersetze den früheren, verschweigt aber die geänderte Rechtsform. Sie ist jedoch von ausschlaggebender Bedeutung: Denn (wie man jetzt wohl sagen muss) *der* ICH ist eine echte rechtsfähige Internationale Organisation.

Es ist immer noch unklar, ob es sich hier nur um eine Umbenennung handelt und der dahinterstehende Apparat derselbe ist. Ein ergänzendes Dokument der EU zum Arbeitsprogramm für Gesundheit 2014–2020[81] erläutert in Punkt 5.3.3 (»International Conference [...]«) den unklaren Sachverhalt auf eigenartige Weise:

»Beschreibung und Ziel der Implementierungsmaßnahme

Die Internationale Konferenz zur Harmonisierung der technischen Anforderungen für die Registrierung von Pharmazeutika für humane Anwendung (ICH) ist eine Aktion, die zu dem Zweck initiiert wurde, die Arzneimittel-Regulierungsbehörden der EU, Japans und der Vereinigten Staaten zusammen mit Experten der Pharmaindustrien der drei Regionen zusammenzubringen, um harmonisierte Leitlinien für die Produktzulassung zu entwickeln. Der ›Internationale Rat zur Harmonisierung der technischen Anforderungen für die Registrierung von Pharmazeutika für humane Anwendung‹ wurde am 23. Oktober 2015 als Verein gegründet. Die EU-Kommission ist Gründungsmitglied des Vereins [Jahresbeitrag: 350 000 Euro]. Der ICH kann Kooperationen mit anderen Organisationen wie dem International Pharmaceutical Regulators Forum (IPRF) eingehen.«

Also das liest sich nun verwirrenderweise so, als existierten Alt und Neu nebeneinander, *die* ICH und *der* ICH, eine »Aktion« und ein »Verein«, eine »Conference« und ein »Council«. Möglicherweise ist das aber auch ein gewolltes Durcheinander, eine erwünschte Flexibilität und eine innovative Form der Cameron'schen »Macht der Nicht-Formalität«.

Das Muster ist wieder da

Wieder nimmt vor unseren Augen ein transnationales Regime Gestalt an: In einem sehr geschlossenen Club sitzen im engeren Kreis drei Regulierungsbehörden und drei Wirtschaftsverbände zusammen und beschließen Regeln für Produktions- und Vermarktungsaktivitäten der Pharmaindustrie. Das Ziel ist die Abschaffung »unnötiger« Prüfverfahren und anderer Erschwernisse des internationalen Pharmahandels (etwa durch nationale Schutzbestimmungen). Nicht beteiligt sind hierbei die Parlamente, auch nicht die unmittelbar Betroffenen (erst seit einigen Jahren werden auch einige Patientenverbände konsultiert). Eine Aufsicht oder unabhängige Überprüfung der Vorgänge findet nicht statt. Die beschlossenen Regeln werden von fast allen Ländern übernommen (»implementiert«). Deutschland ändert dementsprechend alle paar Jahre sein Arzneimittelgesetz, zuletzt 2016.

Der weltweite Erfolg (die »Effizienz«) der geschlossenen Gesellschaft ICH ist unbestreitbar, aber auch nicht verwunderlich: Das Verhandeln und Festlegen der Prüfverfahren ist ein laufendes Förderprogramm für die globale Pharmaindustrie. Die Beschränkung der ICH auf die Kooperation mit der Industrie (also nicht mit unabhängigen Forschungsinstituten) ist zweifellos gut begründet: Erstens finden mehr als 90 Prozent der weltweiten Pharmaforschung in diesen Unternehmen statt, und zweitens finden sich nur hier die dafür notwendigen Fachleute. Mit anderen Worten: Die ICH betreibt in unbeaufsichtigter Eigenregie ein weltweites Wissensmanagement; das Wissen, das sie sammelt, pflegt und mehrt, ist das Privateigentum der Unternehmen und wird nur noch von deren Experten verstanden und kommentiert. Die wesentlichen Entscheidungen fallen im unpolitischen Raum. Die Öffentlichkeit kann gar nicht mehr befragt oder beteiligt werden. Ja, es wird bewusst darauf verzichtet, das Expertenwissen in so mitteilbarer Weise aufzubereiten, dass sich im öffentlichen Diskurs eine politische Bewertung (oder eine denkbare Ablehnung) überhaupt bilden kann. Nicht einmal der Versuch dazu findet statt.
   Es ist nicht polemisch, zu sagen: Die Staaten haben hier die Rechtsetzung an private »bodies« wie die ICH abgegeben, ausgelagert, »outgesourct«.[82] Dem bloßen Zustimmungsrecht

der Parlamente wird in routinemäßigen Anpassungsgesetzen Genüge getan. Den »bodies« – und insbesondere der ICH – kommt durch die Fachkenntnisse, die sie als Privatbesitz verwalten, eine unbestreitbare »Macht durch Wissen« zu, der jede politische Legitimation fehlt.

Das Schweigen der Öffentlichkeit

Auch im Feudalismus, schrieb Michel de Montaigne Ende des 16. Jahrhunderts, lässt es sich gut leben.[83] Und das galt nicht nur für Edelleute: »Unsere Gesetze sind in der Tat recht großzügig, und das Gewicht der obersten Herrschaftsgewalt bekommt ein französischer Edelmann kaum zweimal im Leben zu spüren. Wirkliche und wesentliche Unterwerfung wird nur von denen gefordert, die es wünschen und lieben, sich als Höflinge Ehre und Reichtum zu erdienen; denn wer sich am eigenen Herd einigeln will und sein Haus ohne Reibereien und Rechtshändel zu führen weiß, ist so frei wie der Doge von Venedig.«

Womöglich denkt die Gesellschaft in unseren westlichen Demokratien ähnlich: Man kann mit den transnationalen Regimen doch recht gut in Frieden leben, solange sie so effizient Waren und Dienstleistungen bereitstellen. Man bräuchte sich nicht mehr eigens um die Regime zu kümmern, wenn die ihre Sache gut machen. Wozu also die ganze Kritik an ihnen?

Ist der Mangel an demokratischer Legitimität am Ende nur für Politologen und Juristen ein Problem?

Zufriedenheiten

Die Beispiele für Regime, mit denen das Publikum frag- und widerstandslos zurechtkommt, obwohl an deren Regulierung weder Öffentlichkeit noch Parlamente mitgewirkt haben, liegen auf der Hand.

Da ist an erster Stelle die beschriebene ICANN zu nennen, eine private Körperschaft. In aller Stille sozusagen regelt sie den Verkehr im Internet, und sie macht das so gut, dass niemand von uns Normal-Usern genauer hinschauen muss. Auch die selbstverständlich am Internet beteiligten Staaten befolgen die ICANN-Regeln. Ohne dass sich die ICANN dafür rechtfertigen müsste, schafft sie – als sogenannte »hybride« Organisation, denn auch die US-Regierung übt einen gewissen Einfluss aus – weltweit geltendes Recht.

Ein noch deutlicheres Beispiel ist der Basler Ausschuss. Keine Weltfinanzkrise, und wäre sie noch so verlustreich für den Einzelnen oder seinen Staat, hat dazu geführt, dass dem Ausschuss Kritik entgegenschlug oder das Vertrauen entzogen wurde. Nicht einmal als Banken in einigen Fällen kein Geld mehr auszahlen konnten, wurden die Rezepte des Ausschusses (Basel I und Basel II) einer wenigstens nachträglichen Prüfung unterzogen. Der Wortreichtum, mit dem Notenbanken und Finanzbehörden immer wieder behaupten, dass die Rezepte gut waren, nur die äußeren Umstände hätten sich halt geändert, ist beeindruckend.

Sogar im Schatten einer weithin publizierten Einzelfall-Empörung bleiben die »bodies« jenseits aller Kritik. Als im Jahr 2010 der Skandal der lebensgefährlichen PIP-Brustimplantate bekannt wurde, war die Aufregung zwar laut und verbreitet; aber kein Presseorgan interessierte sich dafür, ob und gegebenenfalls womit Laurent Sellès (EU-Kommission, Koordinator

Generaldirektion Gesundheit) das Versagen der Zulassungsbehörde erläuterte. Auf einer Sitzung der Global Harmonization Task Force (GHTF) im Juli 2012 in Kyoto referierte er
über die Konsequenzen, z. B. eine neue Implantat-Richtlinie,
die die EU nach dem Skandal in die Wege geleitet habe, um
die Schwächen des bisherigen Zulassungssystems zu vermeiden. Ins Visier der Medien geriet dabei nur die – inzwischen
insolvent gewordene – Produktionsfirma, aber die transnationalen Regime IMDRF und GHTF blieben unsichtbar. Kein
noch so investigativer Journalismus hat die wesentlichen Fragen gestellt: Wer hat das Gerät geprüft? Wie und wie lange?
Wer hat die Marktzulassung erteilt?

Die Ruhe im Land

Man könnte es sich jetzt leicht machen und als Grund für das
Desinteresse einfach »Politikverdrossenheit« ansetzen. Aber
damit hätte man dem Ding nur einen anderen Namen ange-
klebt, und – schlimmer noch – die Einheitlichkeit des Bildes
wäre vorgetäuscht. Denn so einfarbig ist das Ganze nicht.

Zeitweise beobachten wir sogar das glatte Gegenteil von Ver-
drossenheit, nicht nur bei den Massenprotesten gegen die neueren internationalen Handelsverträge (übrigens wurde darüber
ja nicht nur auf der Straße protestiert, sondern in einer kaum
noch überschaubaren Vielzahl von Organisationen und Gruppen diskutiert, landauf, landab) oder vor der Energiewende auf
Demonstrationen gegen die Atomkraftwerke. Immer wieder
wird dabei berichtet, der Protest habe inzwischen alle Alters-
stufen, Bildungs- und Einkommensschichten erfasst.

Sogar die Parteien in Deutschland sind nicht inaktiv geblieben, seit ihnen die schwindende Wahlbeteiligung ins Gesicht

starrt. Die zupackende Analyse der SPD z. B. (Beschluss des Parteikonvents am 20. Juni 2015) beschönigt dabei nichts: »Je sozial schwieriger die Lebensverhältnisse in einem Wahlbezirk, desto geringer ist die Wahlbeteiligung. (...) Die sinkende Wahlbeteiligung in Deutschland geht einher mit einer sozialen Spaltung der Wählerschaft. Die Wahlergebnisse in Deutschland sind im Blick auf die Sozialstruktur der Wählerschaft nicht mehr repräsentativ.« Dann weiter im Jargon der Beratungsunternehmen: Man müsse »die Attraktivität von Politik und Demokratie« steigern und die Bevölkerung durch neue »Beteiligungsarchitekturen« stärker »einbinden«.

Die Gegenmaßnahmen waren allerdings noch unbedarfter. Man unterstellte den Wählern einfach persönliche Faulheit: Parteiübergreifend einigte man sich also darauf, ihnen das Wählen »so leicht wie möglich« zu machen (etwa durch längere Öffnungszeiten der Wahlkabinen). Die gesamte Maßnahmen-Diskussion endete jedoch kurz danach abrupt, als es der AfD gelang, ohne solche Maßnahmen überraschend viele bisherige Nichtwähler für sich zu gewinnen.

Und unsere Repräsentanten, die Abgeordneten? In seiner Antrittsvorlesung (als Honorarprofessor) in Bochum im Februar 2008 wies Bundestagspräsident Norbert Lammert die Verfallstheorie zurück, das Parlament verliere zunehmend an Bedeutung. Er brachte dagegen einen anderen Bedeutungsverlust in Stellung, und zwar den »Bedeutungsverlust der Politik in Zeiten der Globalisierung«; man könne vom Parlament nicht verlangen, zu »kompensieren«, was an anderer Stelle verlorengegangen sei. Argumentationstaktisch ist das nicht ungeschickt. Eher bedenklich wird es aber, wenn der Bundestagspräsident diesem Sachverhalt »auch positive Aspekte« abgewinnt; denn – er nennt das Verlorene jetzt nicht mehr »Politik«, sondern gefährlich ungenau »das Politische« – »je weniger dominant das Politische in einer Gesellschaft ist, desto ziviler kann sie (...) werden«. Nur ein wenig zugespitzt könnte das auch als Aufforderung an die Zivilgesellschaft verstanden werden, weniger zu diskutieren und stattdessen »ziviler« (was immer das auch heißt) zu werden.

Bessere Gründe: Entgrenzungen

Es gibt bessere Gründe für das Desinteresse der Öffentlichkeit an den transnationalen Regimen. Es sind fast dieselben Ursachen wie diejenigen, die auch zur Entstehung der Regime beigetragen haben.

Als Erstes ist hier die steigende Komplexität der Sachzusammenhänge zu nennen. Man muss schon ein wenig Fanatiker sein, um zu glauben, diese Komplexität würde von interessierten Experten nur behauptet und nur zu dem Zweck behauptet, kritische Fragen abzuwehren. Das ist gelegentlich zweifellos der Fall. Ansonsten aber ist die Komplexität einer Materie, insbesondere eines rechtlichen Problems, von allen seit langem so weit akzeptiert, dass wir ganze Berufsgruppen (Anwälte, Unternehmensberater) dafür nicht nur bezahlen, sondern nötig haben.

Sicher gibt es Sachbereiche, die kein Laie mehr durchschaut. Das hier immer wieder angeführte Beispiel »Klimawandel« ist allerdings wenig geeignet, den interessierten Bürger von der politischen Diskussion fernzuhalten; denn selbst wenn ihm tiefere oder letzte Zusammenhänge verschlossen bleiben, so ist gerade das Thema »Klimawandel« ein gutes Beispiel dafür, wie selbst komplexe Inhalte politisch so aufbereitet werden können, dass auch ein Nicht-Fachmann sich mit einer ausreichend begründeten Forderung zu Wort melden kann. Auf der anderen Seite kennen wir aber auch Texte, die schon durch ihre Terminologie derart abschreckend sind, dass ihre Autoren, wie oft gewünscht, von Interventionen ungestört unter sich bleiben. Um noch einmal auf den Basler Ausschuss zurückzukommen: Wer außerhalb einer Bank hat sich je mit dem Unterschied zwischen Bankbuch und Handelsbuch beschäftigt? Mit Ergänzungskapital 2. Klasse? Mit Drittrangmitteln? Oder dies: Wer unter uns hat die Texte internationaler Handelsverträge so genau durchgesehen, dass er erkennt, ob im konkreten Fall die »Zentrale Gütersystematik« der geltenden Version CPC 2.0 oder die Vorgängerversion 1.0 zugrunde gelegt wurde? Man könnte so weiterfragen, bis es Abend wird.

Der reiche Westen hat die Welt weithin undurchschaubar gemacht. Immerhin verdient unsere Wirtschaft genug Geld, um all die Spezialkräfte einzukaufen, die ihr dabei helfen, sich trotzdem zurechtzufinden.

Der zweite gute Grund für das Schweigen der Öffentlichkeit lässt sich am einfachsten so formulieren: Das Problem geht einem nicht nahe genug.

Nehmen wir als Gegenbeispiel etwa die Autobahnmaut. Die mediale Aufmerksamkeit für dieses Thema ist gesichert: Es betrifft den Einzelnen – und Personen, die ihm nahestehen – konkret und unmittelbar, und überdies ist es räumlich nah (für einige konkret grenzüberschreitende Ereignisse wie Armutswanderungen trifft das natürlich erst recht zu; das Ereignis muss also nicht unbedingt in Nationalgrenzen eingeschlossen bleiben). Das immer wieder zitierte Beispiel für die abstrakte Ferne und die Ortlosigkeit einer Einrichtung ist das Internet. Es ist gerade nicht mehr räumlich definiert, es hat kein Territorium mehr, es findet sozusagen überall statt (auf weltweiten Wegen und, notfalls, Umwegen). Dieses Phänomen wird heute in der Fachliteratur unter dem eingeführten Begriff der »Entterritorialisierung« diskutiert. Unter einem etwas anderen Namen hatte dies auch Ulrich Beck beobachtet; er hielt die »Enträumlichung« – »Die Diskrepanz zwischen dem territorial definierten Raum des Staates und dem deterritorial definierten Raum des Weltmarktes« – für politisch überwindbar durch internationale Staatenkooperation.[84] Jedoch spielten immer mehr »private Akteure wie multinationale Unternehmen oder Nichtregierungsorganisationen eine wichtige Rolle bei der Konfliktlösung in grenzüberschreitenden Sachverhalten«.[85] Vom Nationalstaat aus gesehen verflüchtigt sich also die Problematik derart ins Allgemeine, Weltweite, Abstrakte, fast nicht mehr Beherrschbare, dass es geradezu vernünftig und ressourcenschonend (vorwurfsvoller: resignierend) genannt werden kann, wenn die Öffentlichkeit sich davon abwendet und, ganz wie Ulrich Beck, ihre letzten Hoffnungen auf internationale Konferenzen richtet.

Ein dritter Grund ist: Es gibt keine europäische, geschweige denn eine Weltöffentlichkeit und ganz sicher keine entsprechenden Medien, die sich argumentativ mit entgrenzten Sachverhalten auseinandersetzen würden.

Es lässt sich also eine gewisse Rechtfertigung finden dafür, dass »entterritorialisierte« Problemlagen nicht oder zu selten öffentlich diskutiert werden. Sie haben allerdings nur sozialpsychologisch ihr Gewicht; im Hinblick auf die Teilhabe an der Demokratie sehen sie beinahe wie verlegene Entschuldigungen aus, und in ihrem Schatten machen es sich ungefragt die transnationalen Regime bequem.

Möglicherweise wären die rechtfertigenden Gründe gar nicht im Umlauf, wenn da nicht etwas wäre, das als »Output-Legitimität« der schweigenden Öffentlichkeit zu Hilfe kommt.

Wie viele Legitimitäten?

Wir müssen kurz rekapitulieren: Der Souverän, das deutsche Volk, wählt Abgeordnete; Abgeordnete wählen eine Bundeskanzlerin; die Bundeskanzlerin ernennt Fachminister; Fachminister richten ihre Ministerien ein. Diese Abfolge heißt in der Politikwissenschaft »Legitimationskette«. Sie besagt, dass auch das letzte Glied in der Kette, sei es eine Person oder eine Behörde, eine vom Souverän ausgehende Legitimität besitzt, die vom Bürger Anerkennung und Gehorsam verlangen darf. Legitimität gewinnt die Entscheidung an dieser Stelle durch das korrekte (demokratische) Zustandekommen. Dann (1970) kam ein neuer Begriff in die Debatte.

Er hatte seinen Ursprung wohl in Abraham Lincolns berühmt gewordener Gettysburg-Rede (1863), die mit dem feierlichen Wunsch endet, »dass die Regierung des Volkes, durch das Volk und für das Volk, nicht von der Erde verschwinden möge«. Der Rechtswissenschaftler Fritz Scharpf erkannte darin zwei verschiedene Legitimationsquellen für die Regierung des Volkes: einerseits »die Regierung durch das Volk« und andererseits »die Regierung für das Volk«. Er prägte für die erstere die Bezeichnung »Input-Legitimation«, für die letztere »Output-Legitimation«. Die beiden Begriffe wurden von der Demokratietheorie-Diskussion bald aufgegriffen, und insbesondere die Output-Legitimation erlebte dort seitdem eine glänzende Karriere. Es gilt inzwischen als weithin unbestritten, dass diese Legitimationsquelle für heutige Herrschaftsformen relevant, wenn nicht – angesichts des Bedeutungsrückgangs der Parlamente – die relevantere ist (die Kritik an der Unterscheidung oder die Wechselwirkung der zwei Modelle miteinander und mit anderen Dimensionen einer Legitimationstheorie müssen wir hier aus Raumgründen übergehen).[86]

Die Unterschiede der beiden Begriffe sind leicht erklärt: Input-Legitimation verweist auf das demokratische Zustandekommen einer Regierungsmaßnahme; Output-Legitimation auf die Akzeptanz der Maßnahme durch die Betroffenen, im Regelfall aus Einsicht in die Nützlichkeit und die günstigen Effekte der Maßnahme für das Gemeinwohl.

Die Unterschiede der beiden Modelle liegen auf der Hand. Die Input-Legitimation erfordert für ein Projekt sehr viel, was wir in einer funktionierenden Demokratie erwarten: Wahlen, öffentliche Diskussionen, Verhandlungen, Transparenz, Rechenschaftspflicht, Revisionen, Abstimmung. Die dafür erforderliche Zeit kann lang werden, vom Risiko eines Scheiterns des Projekts gar nicht zu reden; aber das ist der Preis, den wir für das demokratische Verfahren zu zahlen bereit sind.

Die Output-Legitimation kommt ohne derartige Komplikationen aus; ihre Vorteile sind anderer Art: Sie fördert eine beschleunigte Entscheidung, Effizienz und Effektivität, das geschärfte Profil einer handlungsfähigen Regierung (ein »Macher«-Image, die Regierung »liefert«), »Kundenorientierung« und die Ausschaltung störender, »nur politischer« Bedenkenträger. Es dürfte sofort erkennbar sein, welches der beiden Modelle einer politischen Ordnung, die der Wirtschaft Hegemonie erlaubt, das sympathischere ist. Die Output-Legitimation ist auf jeden Fall das neoliberal zeitgemäße Modell, und außerdem entlastet sie die Öffentlichkeit von Forderungen wie »Engagement« und »Partizipation«. Dass die Output-Legitimation im Vergleich zu ihrer Zwillingsschwester eine so fulminante Begriffskarriere gemacht hat, ist also auch als eine Aussage über den inneren Zustand unserer Demokratien und die De-facto-Dominanz der Wirtschaftsverbände und der transnationalen Regime zu lesen.[87]

Es ist deshalb auch kaum noch verwunderlich, dass die Befürworter einer »unpolitischen«, »effizienten« Ökonomie das Argument der Output-Legitimation in Fachdiskussionen immer zur Hand haben. Der Vorwurf, die Verbände seien nicht demokratisch gegründet, ist damit handkehrum zurückgewiesen. Er berührt sie nicht mehr. Und zu all dem schweigt der öffentliche Diskurs.

Aus dem bisher Gesagten ergibt sich eine unangenehme Schlussfolgerung:

Das Schweigen der Öffentlichkeit ist die Legitimation der transnationalen Regime.

Schon Cicero

Kleiner Exkurs (nur für Interessierte): Man könnte sogar Cicero den Erfinder der Output-Legitimation nennen. In seiner ersten Rede gegen Catilina klagt er diesen im Senat der Verschwörung gegen den Staat an und fordert ihn auf, die Stadt zu verlassen. Catilina verlangt, eine solche Entscheidung müsse zur ordentlichen Abstimmung gestellt werden. Cicero lehnt das ab und hält Catilina stattdessen das Schweigen der Senatoren während seiner, Ciceros, Rede entgegen: »Ich will dich zur Einsicht bringen, was diese hier von dir denken. Verlasse die Stadt, Catilina, befreie den Staat von der Furcht, wandere in die Verbannung, wenn du nur auf dieses Wort wartest. Nun, Catilina, gibst du acht? Bemerkst du das Stillschweigen der hier Anwesenden? Sie geben es zu, sie schweigen. Was wartest du noch auf eine Bestätigung der Redenden, da du die Willensbekundung der Schweigenden klar vor Augen hast? (...) In deinem Fall, Catilina, ist ruhiges Verhalten Billigung, ihr Dulden Beschluss, ihr Stillschweigen lauter Zuruf.«[88]

Ende des Exkurses

Trotzdem: Unzufriedenheiten

Bei einer Podiumsdiskussion zum Thema Freihandelsverträge (am 18. Februar 2014 in der Katholischen Akademie in München) erhob sich in der Diskussion zu guter Letzt eine Frau und stellte die Frage: »Ich höre hier Stichworte wie Wirtschaft, ökonomische Entwicklung, Industriestandort, Wachstum, Gewinn, Wettbewerb, Handelsabkommen. Wo komme ich da vor?« Einer der Professoren gab ihr vom Podium herunter als Antwort: »Mit einem Punkt kommen Sie da vor: mit Ihrem Einkommen.«

Natürlich war die Fragerin dem Ökonomen nicht gewachsen, weder im Umfang ihrer Fachkenntnisse noch in rhetorischer Gewandtheit. Die überwältigende Masse an Worten, Begriffen und Argumenten, die da ins Publikum gekippt wurde, hatte in der Tat alle – von ein paar Diskussionsprofis abgesehen – nach einigem Protestgrollen in resigniertes Schweigen sinken lassen. Nur diese eine Frau stand am Ende noch auf und stellte ihre in den Augen des Ökonomen zweifellos unbeholfene Frage. Abgefertigt wurde sie, wie schon viele andere vor ihr in ähnlichen Diskussionen, mit dem Hinweis auf ihre »Freiheit« der Produktwahl. Die Frau verlangte, in Verhandlungen gehört zu werden, sie zu kritisieren, an Beschlüssen teilzuhaben. Mit dem hier besprochenen Begriff ausgedrückt: Sie fragte nach der Input-Legitimation. Das aber wurde nicht beantwortet, vielleicht verstand der Ökonom nicht einmal, worauf die Frage zielte. Also schickte er die Fragerin weg zu den Ergebnissen seiner Aktivität, in die einzige Welt, die er kannte, in die Welt von Angebot und Nachfrage. In unseren Begriffen: Er fertigte sie mit Output-Legitimation ab.

Eine Bürgerin war aufgestanden, aber der Ökonom sah nur eine Konsumentin.

Wo bleibt die Souveränität?

Versuchen wir ein Zwischenfazit: Die (westlichen) Demokratien stehen noch, sie halten sich formal aufrecht, es wird gewählt, es werden Parlamente und Regierungen gebildet, Entscheidungen getroffen und Gesetze beschlossen (wenn auch zunehmend nur noch in mehr oder weniger lokalen Angelegenheiten); die globalen Sachverhalte werden an den Parlamenten vorbei in nicht-gewählten, unbeaufsichtigten Gruppen oder »bodies« definiert und in transnationalen Regimen als faktisch verbindliche Vorschriften reguliert;[89] zu dieser »informellen Rechtsetzung« schweigt die Öffentlichkeit, weil die praktischen Resultate im Großen und Ganzen akzeptabel sind. Die damit verbundene Entparlamentarisierung wird hingenommen.

Die Aussichten für eine lebendige Demokratie sind also nicht rosig.

Die Frage, die sich nun stellt: Warum lässt der Souverän sich das gefallen? Steht nicht ihm, präziser seinen Repräsentanten, den Abgeordneten, allein die Rechtsetzung zu, also die Kompetenz, die allgemein verbindlichen Gesetze und Bestimmungen zu beschließen (quod omnes tangit)?

Wo ist der Souverän überhaupt? Eine Antwort darauf aus metaphorischer Freiheit könnte lauten: Der Souverän ist die Frau, die gegen den Ökonomen aufstand. Das wäre zwar rechtlich nicht haltbar (ein Einzelner kann natürlich keine Volkssouveränität verkörpern) und außerdem ziemlich romantisch. Der Blick auf die ganze Wirklichkeit zeigt eine etwas andere Wahrheit: Der Staat ist bei der Rechtsetzung nicht allein, auch nicht das Parlament.

Private Rechtsetzung

Die oft geübte Verkürzung »Der Souverän ist das Parlament« bedarf hinsichtlich der Rechtsetzung einer sofortigen Modifizierung. Das Parlament repräsentiert den Souverän, es ist nicht identisch mit ihm.

Um es einmal klar auszusprechen: Das Grundgesetz kennt kein Rechtsetzungsmonopol des Staates. Ja, es fordert sogar das Gegenteil davon, die private Rechtsetzung: zum Beispiel bei Tarifverhandlungen oder für Parteien. Artikel 9 des Grundgesetzes beschreibt das Recht der Tarifparteien (Vereinigungen »zur Wahrung und Förderung der Arbeits- und Wirtschaftsbedingungen«) und gewährt ihnen einen umfassenden Schutz gegen alle »Abreden, die dieses Recht einschränken« (sie sind von vornherein »nichtig«, entsprechende Maßnahmen »rechtswidrig«). Und Artikel 21 verlangt beispielsweise von den Parteien unmissverständlich: »Ihre innere Ordnung muss demokratischen Grundsätzen entsprechen.« In beiden Fällen hält der Staat sich deutlich von jeder Einmischung oder gar Rechtsetzung fern und überlässt alles Weitere den privaten Akteuren (den Gewerkschaften, den Wirtschaftsverbänden, den als Vereine organisierten Parteien).

Solche Zurückhaltung des Grundgesetzes ist erklärlich: Eine andere Position war nach den Verbrechen des Nationalsozialismus nicht möglich. Nie wieder sollte ein deutscher

Staat die Machtfülle erhalten, die ihm so »totale« Übergriffe und Schandtaten wie im »Dritten Reich« ermöglicht hatte. Das beste Mittel dagegen schien den Müttern und Vätern des Grundgesetzes eine Stärkung (bei den Tarifparteien sogar eine weitgehende »Autonomie«) der privaten Rechtsetzung. Aber selbst abgesehen von der historischen Erfahrung, liegt darin eine Anerkennung der bürgerlichen Handlungsfreiheit, einschließlich derjenigen, die Rechte und Pflichten erzeugen soll.

Auch im Blick auf die Zukunft versprach man sich davon nichts Geringes. Der noch junge freiheitliche Rechtsstaat sollte keiner gesetzlichen Engführung gehorchen, sondern eine lebendige Demokratie werden, in der die Gesellschaft sich in einen eigenen Raum hinein entwickeln und entfalten kann. Diese liberalistische Position hat sich bis heute gehalten, auch weil sie bald danach durch eine weitere, mit der gegenwärtigen Realität begründete Rechtfertigung gestützt wurde. Diese lautet: Bei der gestiegenen Komplexität der Welt kann die Regelungspflicht schon aus praktischen Gründen nicht mehr dem Staat allein aufgebürdet werden, sondern muss auch auf andere (private) Schultern gelegt werden.[90]

Das Ergebnis war eine noch heute weltweit wuchernde Vielfalt von »untergesetzlichen« Vorschriften und Regeln, insbesondere im Bereich der Wirtschaft. Die Wucherung wird, wie schon mehrfach betont, in der Öffentlichkeit nicht beachtet, in der Fachwissenschaft (insbesondere im Staatsrecht) jedoch vermerkt und weithin zustimmend, wenn auch nicht systematisch einverständlich hingenommen.[91] Besondere Probleme scheint die »traditionelle« Rechtspraxis mit den Regelungen zu haben, die zwar formal ohne Bindewirkung, aber de facto als zwingendes Recht und unter der Bezeichnung »soft law« auftreten: Jeder deutsche Richter wird entrüstet dagegenhal-

ten: »Soft law« sei kein Gesetz, an dem er seine Rechtsprechung orientieren müsse. Der Hinweis auf den Sardinen-
Streit überzeugt ihn schon deshalb nicht, weil diese Sache vor
keinem »ordentlichen Gericht« verhandelt wurde.

Von einer aufgeklärten Gesellschaft möchte man nun gern erwarten, dass diese »graduelle Entkoppelung von Staat und
Recht«[92] eine gewisse Beachtung findet, auch dann, wenn sie
noch kein Anlass für demokratische Unruhe ist. Mit einer
Ausnahme ist die Ruhe im Land aber bemerkenswert solide.
Die Ausnahme ist der immerhin seit 2013 ständig angewach-
sene Protest[93] gegen die privaten Schiedsgerichte. Er hat beim
Freihandelsabkommen zwischen der EU und Kanada sogar
zu einer (zuerst als unmöglich bezeichneten) Nachverhand-
lung des fertigen Abkommens geführt; das schwache Ergebnis war lediglich die erfolgreich irreführende Umformulie-
rung der Schiedsgerichte in ein »Investment Court System«.
Mit blankem Unverständnis reagierten die USA auf solchen
Protest beim EU-USA-Abkommen. Ideologisch unbegreiflich
erscheint ihnen, wie man einem Abkommen widersprechen
mag, das den Menschen doch nur Gutes bringe: mehr Geld
(»Wohlstand«) und mehr »Freiheit« (im Warenangebot), die
beide, so betont die US-Seite immer wieder, Kernelemente
unserer transatlantischen »Wertegemeinschaft« seien.

Davon abgesehen bleibt es ruhig im Land.
  Es ist sicher für niemanden eine Überraschung, dass in
Europa immer mehr Zuständigkeiten, d. h. Hoheitsrechte,
von der nationalen auf die EU-Ebene übertragen werden.
Diese fortschreitende Entparlamentarisierung wird in der
Fachliteratur unter dem Aspekt der »Europäisierung« des
Rechts diskutiert und weniger im Hinblick auf die Kompe-

tenzminderung der Nationalparlamente. Offenbar sieht die insgesamt unkontroverse Betrachtung des Vorgangs darin eher Gewinne als Verluste. Mit dem Slogan »Wir brauchen mehr Europa!« ist diese Bilanz ja auch politisch gut unterfüttert. Nicht diskutiert werden dabei jedoch mögliche Grenzen der Entparlamentarisierung, also die Frage: Kann man die Europäisierung vielleicht auch zu weit treiben? Der Grund für diese Zurückhaltung liegt auf der Hand. Schon das Aussprechen der Frage macht den Frager zum »Euroskeptiker« (auch wenn hier einmal nicht die Währung gemeint ist). »Europa« skeptisch zu sehen,[94] ist im politischen Mainstream ein geradezu verbotener Gedanke, der direkt aus der »Populismus«-Ecke hervorgekrochen scheint.

Wir bekommen es also mit garantierten Vorwürfen zu tun, wenn wir hier einmal über den europäischen Rahmen hinausschauen und feststellen: Die privaten und hybriden »bodies« und die von ihnen gesetzten De-facto-Normen gehen beträchtlich weiter als alles, was wir von der europäischen Integration wissen. Besonders unangenehm ist hier, dass buchstäblich niemand weiß, wie viele dieser »bodies or fora« es weltweit gibt, nicht einmal die EU, die doch in zahlreichen dieser »bodies« oder Foren vertreten ist und in ihnen mit der Wirtschaft kooperiert. Diese Zusammenarbeit ist nicht, wie das EU-Recht etwa im Lissabon-Vertrag, geregelt. Der Umfang und die Reichweite ihrer Standards und Regulierungen üben direkten Einfluss auf das Leben aller Bürger aus, werden aber fast immer nur einzelfallweise untersucht und nicht systematisch erfasst (auch nicht in der Fachliteratur). Und die »bodies« werden nicht weniger, sondern mehr.

Wer dies einmal erkannt hat, müsste sich – am besten auch anderen – doch die erschrockene Frage stellen: Sind wir in der Entmachtung unserer Parlamente (des Organs der Souveränität) nicht auch hier zu weit gegangen? Das sofortige Killer-argument dagegen lautet natürlich »Globalisierung« (»Wir können uns nicht abschotten!«). Aber fragen wir trotzdem beharrlich weiter: Was bleibt von einem Staat am Ende noch übrig, wenn wir die schrittweise Erosion seiner Politikfähig-keit derart widerstandslos hinnehmen? Sollen wir weiter sprach- und tatenlos zusehen, wie der Staat »nach unten aus-franst«?[95]

Oder noch grundsätzlicher (und zugespitzt) gefragt: Was ist eine schweigende Souveränität noch wert?

Nur eine Wandersage?

Die Geschichte der Souveränität ist schnell erzählt.

Bis vor etwa tausend Jahren konnte man sich die Souveräni-tät nur in den Händen einer göttlichen Autorität vorstellen. Als diese entthront wurde, ging die Souveränität auf den Kai-ser und den König über, im Absolutismus weiter auf den je-weiligen Landesherrn. Nach der Amerikanischen und der Französischen Revolution verschwanden mit der Adelsherr-schaft auch deren Vorrechte und Privilegien, nicht aber die Souveränität: Sie blieb erhalten und wurde nun auf das Volk übertragen: »We, the people« beginnt die Verfassung der USA von 1787. Der neue Souveränitätsinhaber »Volk« war dabei verstanden als eine Anzahl von Menschen in einem geogra-fisch (territorial) definierten Gebiet.

In gewisser Weise ist diese Abfolge jedoch eine Rückprojek-tion von heute her. Die Besonderheit des Mittelalters, also noch bevor sich »Staaten« im heutigen Sinn herausgebildet hatten, lag nämlich darin, dass eigentlich noch keine »Souve-ränität« als solche wahrgenommen und anerkannt wurde, sondern genaugenommen nur eine ganze Reihe verschiedener Hoheitsrechte. Diese Hoheitsrechte waren auf verschiedene Träger verteilt: Da gab es den Papst (die Kirche) und unter oder neben ihm einen Kaiser, daneben herrschte ein König, näherhin auch ein Landesfürst, sogar nur ein Landgraf, vielleicht ein Baron und zuletzt auch noch der Grundherr (dem Grund und Boden gehörte). Die vielfältigen Inhaber der Hoheitsrechte waren »Obrigkeiten« nur für den jeweiligen Geltungsbereich ihrer Rechte. Und ihre Vertreter waren immer als Personen sichtbar, noch nicht bloß abstrakte Institutionen. Auch deshalb kam das Objekt der Herrschaft, der Einzelne, mit dieser Vielfalt von Obrigkeiten ohne große Mühe zurecht.

Das 16. Jahrhundert brachte den Zusammenbruch dieser mittelalterlichen Ordnung, die Glaubensspaltung, die Religionskriege und vor allem die allmähliche Entstehung eines mächtigen Zentralstaates (in Frankreich). Erst Jean Bodin, mit knapper Not dem Massaker der Bartholomäusnacht entkommen, unternahm in seinen ›Six livres de la république‹ (1567) eine konsequente Systematisierung der verstreuten Hoheitsgewalten und stellte einen lange Zeit gültigen Begriff der Souveränität auf. Sein Ziel war die Befriedung nach den Gewalttaten der Religionskriege. »Nach seiner Überzeugung«, erläutert Dieter Grimm, »war zur Erreichung dieses Ziels eine überlegene Macht nötig, die sich über die Bürgerkriegsparteien erheben und diese unter eine säkulare Ordnung zwingen konnte, welche die entgegengesetzten Glaubensüberzeugungen nebeneinander bestehen ließ, aber zur Privatsache jedes einzelnen machte. Historisch betrachtet kam dafür nur der König in Betracht, der, an der Spitze der mittelalterlichen Lehnspyramide stehend, keinen Herrn über sich hatte und bereits über die größte Zahl von Herrschaftsrechten verfügte. (...) Der Herrscher benötigte diese Machtfülle nicht nur, um den Krieg zu beenden, sondern auch, um eine neue Friedensordnung schaffen und durchsetzen zu können. Deswegen musste zum zweiten auch die Rechtsetzungsbefugnis hinzutreten. Die so ausgebaute Rechtsmacht des Herrschers bezeichnete Bodin als ›Souveränität‹. (...) Kam [für deren Einheit] historisch gesehen nur der König in Frage, so legte sich Bodin doch theoretisch nicht auf den Monarchen fest. Vielmehr hielt er als Träger der Souveränität auch ein Personenkollektiv, den Adel oder das Volk, für möglich.«[96]

Obwohl in einem politisch dynamischen Mit- und Gegeneinander der Staaten immer wieder und unvermeidlich Probleme auftraten,[97] wurde der Bodin'sche Souveränitätsbegriff fast 400 Jahre lang zur Grundlage des Völkerrechts. Die »Sechs Bücher über die Republik« wurden in wenigen Jahrzehnten in alle großen Sprachen Europas übersetzt und blieben überdies in ihrer Wirkung »nicht auf die gelehrte Welt beschränkt. Souveränität wurde nun das Leitbild für die europäischen Fürsten«.[98]

Souveränität heute

Nach den vier Jahrhunderten geriet der Begriff, wie man gern sagt, unter Druck.

Damit meinen wir noch nicht einmal den Europarat von 1949, auch nicht die Europäisierung der nationalen Rechtsetzung in der EU (von 1957), die ja noch in einigermaßen geregelten Formen, wenn auch nicht unumstritten, vor sich ging und geht.

Zu supranationalen Organisationen (zu denen wir hier trotz ihres Sonderstatus auch die EU zählen) hat Dieter Grimm eine einfache, aber beunruhigende Feststellung getroffen. Er beginnt mit der Beobachtung, dass immer mehr Staaten dazu übergehen, Hoheitsrechte an überstaatliche Einrichtungen abzugeben.[99] Das geschieht zum Beispiel bei einer Mitgliedschaft in der UNO und insbesondere in der Welthandelsorganisation sowie ausdrücklich und gewollt im Primärrecht der Europäischen Union; in solchen Fällen sprechen die Mitgliedsstaaten einzelne »Ermächtigungen« aus, mit denen ein – zumeist auf bestimmte Sachzusammenhänge beschränktes – Hoheitsrecht der Rechtssetzung an die überstaatliche Organisation abgegeben wird. Damit wird selbstverständlich auch ein nicht unwesentlicher Anteil an Souveränität mit abgegeben. Grimms beunruhigende Feststellung lautet nun: Die Staaten haben zwar Souveränität im traditionellen Sinn preisgegeben, aber sie ist »bei den supranationalen Organisationen nicht angekommen«. Ausführlicher formuliert: »Auch sie verfügen nur über einen mehr oder weniger großen Teil von Herrschaftsrechten. Keine supranationale oder internationale Organisation, auch nicht die EU, ist im Vollbesitz der öffentlichen Gewalt.«[100] Man könnte es auch so sagen: Die EU kann sich nicht selbst konstituieren oder erweitern, ja nicht einmal auflösen.

Auch das ist eine Entwicklung, die wir stillschweigend gutheißen, was im Einzelfall mehr als berechtigt ist. So haben wir uns in den Zeiten des UNO-Sicherheitsrats damit abgefunden, dass heute kein einzelner Staat mehr das unbestrittene Recht hat, einen anderen Staat militärisch anzugreifen (Verbot der Aggression). Zwar kann der Grund für die grundsätzlich erlaubte Selbstverteidigung dubios oder nur erfunden sein, oder es entstehen neue, subtilere Formen militärischer Gewaltanwendung. Aber darauf kommt es hier nicht an. Es bleibt dabei, dass der Angriffskrieg (übrigens schon seit 1928) völkerrechtlich geächtet ist. Man kann generell sagen, dass die äußere Souveränität der Staaten heute »anachronistisch« ist.[101] Worauf es in unserem Zusammenhang ankommt: Die Mitgliedsstaaten haben zwar Hoheitsrechte an die EU abgegeben. Rechte der Mitgliedsstaaten werden nun aber ohne ausdrückliche »Einzelermächtigung« durch Vorgänge und Beschlüsse tangiert und eingeschränkt, die transnationalen Regimen zuzuordnen sind, in denen die EU vertreten ist.

Dieser Zustand dauert schon eine ganze Weile. Die hier interessierenden »bodies« nehmen für sich schon gar nicht mehr in Anspruch, zu ihrer Normsetzung auf irgendeine nachvollziehbare Weise legitimiert zu sein; nur in den seltensten Fällen nennen sie sich »Organisationen«. Stattdessen bleiben sie lieber als Netzwerke und »soft law«-Quelle unterdefiniert. Auf diese Weise bewegen sie sich flexibel und formlos in einem Geflecht von Diskussionen, Vorbereitungen, Vorschlägen und Empfehlungen, die keinerlei formale Rechtswirkung beanspruchen (die sie in der praktischen Ausführung jedoch haben). Anders als die staatliche Rechtssetzung sind die transnationalen Regime deshalb auch nicht in irgendeine »hierarchische« Rechtseinheit eingebunden oder deren Forderungen (etwa Verfassungsmäßigkeit) unterworfen. Sie sind vielmehr, indem sie sich ihre Ziele und Zwecke selber setzen, geradezu autonom.[102]

Manchem Staatsrechtler (noch immer nicht der schweigenden Öffentlichkeit) kamen hier nun doch gewisse Bedenken. Wenn die Staaten Bestandteile ihrer Souveränität abgegeben hatten, diese jedoch bei der supranationalen Organisation nicht »angekommen« war, diese also keine Souveränität besaß[103] – was geschah infolgedessen mit der Souveränität? Verschwand sie in kleinen Schritten? Geht oder ging sie im Dunkel der Geschichte verloren?

Bevor Wissenschaftler sich zu einer so rigorosen Aussage herbeilassen, sprechen sie lieber von »Form-« oder »Funktionswandel«. Die Souveränität, so geht dann die Rede, ist nicht verschwunden, sie hat sich in der »Globalisierung« lediglich geändert: »Souveränität hat sich also von einem ausschließenden Herrschafts- und Verfügungsrecht in ein kommunikatives und interaktives Teilhabe- und Teilnahmerecht gewandelt. Sie ist nicht verschwunden oder erodiert, sondern hat sich unter Wahrung ihrer ursprünglichen Funktion des Schutzes staatlicher Selbstbestimmung neuen Bedingungen der internationalen Politik anverwandelt. Neben das tradierte Souveränitätsrecht auf Abwehr und Abgrenzung tritt das neue Recht auf Teilnahme an der internationalen Gemeinschaft, neben die alte souveräne Freiheit, Verträge abzuschließen oder nicht abzuschließen, tritt das Recht auf faire Teilnahme an der Aushandelung und Gestaltung internationaler Verträge (...). In einem Wort und auf ein Basisgrundrecht zurückgeführt: Souveränität bedeutet im Rahmen der globalisierten Welt von heute das Recht eines jeden Staates auf einen fairen Anteil an den Vorzügen der internationalen Vergemeinschaftung.«[104] Genau betrachtet ist diese weiche Definition, ein »Recht« auf bloßes Dabeisein, nur psychologisierend als Sedativ zu verstehen: Man will offenbar einer souveränen Nation das Gefühl vermitteln, nicht allein zu sein auf der Welt.

Das soll auch gelten, wenn sich staatliche Behörden mit transnationalen Industrieverbänden zusammensetzen und Regime mit Standards und Regeln festklopfen. Sogar in diesem Do-ut-des, diesem Geben und Nehmen, im konsensualen Kompromiss soll man, wenn es nach dieser Meinung geht, nicht sofort eine »Preisgabe« von Souveränität (oder gar einen Missbrauch der Demokratie) sehen, sondern nur eine andere Form öffentlicher Aufgabenerfüllung.[105]

Dieser Meinung springt Anne-Marie Slaughter bei, die Autorin einer »Neuen Weltordnung«, in der gleich mehrere »traditionelle Souveränitätskonzepte« unter Berufung auf »Fachwissenschaftler und Politiker« verabschiedet werden; die Konzepte seien »ungeeignet, die Komplexität zeitgenössischer internationaler Beziehungen zu erfassen«.[106] Sie ergäben nur eine endlose Debatte darüber, was Souveränität oder Demokratie eigentlich sei und ob sie überhaupt noch existierten und – falls ja – wozu sie denn noch gut seien.

Hat Souveränität noch eine Zukunft?

Rabiat räumt schließlich Fabrizio Cafaggi mit den »traditionellen« Konzepten auf.[107] In seiner Untersuchung geht er wie von einer Tatsache davon aus, dass »die privaten Regulierer auf der transnationalen Ebene die Regeln definieren, die dann auf der staatlichen Ebene von der Legislative umgesetzt werden müssen«. Hier ist schon deutlich ausgesprochen, wer den Kurs bestimmt und wer ihn dann einzuhalten hat. Nun bleibt kein Stein mehr auf dem anderen: Die transnationalen regulatorischen Systeme, sagt Cafaggi, seien durch ihren Machtzuwachs »eine Herausforderung für die konventionellen Konzepte Demokratie, Repräsentation und Souveränität« geworden. Dieser Machtzuwachs, nur kurz in Parenthese, habe sich auch durch die neueren internationalen Handelsabkommen ergeben. Dann sein Fazit, in dem er das angestrebte Verhältnis der Ökonomie zur Politik in schöner Offenheit beschreibt: »Marktregulierungsanteile werden also Bestandteile der globalen Souveränität.« Souveränität durch Marktanteile (an privater Regulierung)?

Joseph Vogls kritische Analyse[108] stellt ebenfalls fest, das Finanzregime positioniere sich »als parademokratische Ausnahmemacht. (...) Es passt soziale und politische Ordnungen an finanzökonomische Risikolagen an.« Und weiter beobachtet er: »Souverän ist, wer eigene Risiken in Gefahren für andere zu verwandeln vermag und sich als Gläubiger letzter Instanz platziert.«

So extreme Auffassungen wie die Cafaggis sind erfreulicherweise nicht häufig. Zwar können sie zahlreiche tatsächliche Souveränitätsbeschränkungen als Beweisstücke heranziehen (speziell die Finanzindustrie und erst recht die transnationalen Regime sind ja voller Belegmaterial). Die gänzliche Überantwortung der Souveränität an einen »Markt« hat vielleicht sogar den Charme der Rigorosität. Aber sie fände kaum seriöse Befürworter. Im Großen und Ganzen herrscht in der Wissenschaft immer noch Einigkeit darüber, dass eine – wie auch immer definierte und ausgeübte – Souveränität nur Volkssouveränität sein kann.

Es sind kontroverse Debatten, die die nationale oder internationale Politik hier begleiten. Es scheint allerdings, als hätte sich eine konservative, weitgehend unkritische Mehrheit bereits für die fortlaufende Einschränkung der Souveränität durch die Ökonomie entschieden. Eine herrschende Meinung hat bis jetzt allerdings noch keine sichtbare Wirkung auf die Öffentlichkeit ausgeübt. Den politisch aufmerksamen Laien könnte die Debatte also ruhig schlafen lassen, wenn dort nicht über ihn, den Souverän, debattiert und gestritten würde. Und im Augenblick sieht es aber tatsächlich so aus, als würde »die andere Seite gewinnen«.[109]

Souveränität ist ja kein Gegenstand, den man ein für allemal besitzt, sondern eine in ihrem Ursprung ziemlich rätselhafte Eigenschaft, ein prekäres, aber dynamisches Potenzial, das nach Ausübung und Realisierung drängt. Bei stummer Hinnahme des ohnehin Geschehenden verblasst und verschwindet Souveränität, und übrig bleibt von ihr nur noch der freundliche, aber körperlose Begriff, wie die Cheshire Cat, die Grinse-Katze in ›Alice im Wunderland‹, ins Unsichtbare schwindet und im Baum nur ein Lächeln hinterlässt.

In der politischen Diskussion ist »Souveränität« mehr als ein Thema in einem Gelehrtenstreit; sie ist ein politischer, also ein Kampfbegriff, der – auch unausgesprochen – handfeste Konflikte befeuern kann. Man braucht hier nur an die nicht seltenen Uneinigkeiten in der Europäischen Union zu denken, wer nun in einer Streitsache das »letzte Wort« haben soll, die Organe der EU (denen, wie der gesamten EU, keine Souveränität zukommt) oder die Parlamente der Nationalstaaten (die unbestritten einen Souverän repräsentieren) und die Gerichte.

Nicht nur durch Untätigkeit löst sich Souveränität auf, sondern selbstverständlich auch durch die Übertragung zu vieler Hoheitsrechte. Hier öffnet sich ein Graben zwischen der Systematik des Staatsrechts und der tatsächlichen politischen Wirkung. Das Staatsrecht sieht noch kein systematisches Problem in der vertraglich vereinbarten Übertragung staatlicher Hoheitsrechte, solange den Vertragsstaaten die Möglichkeit bleibt, den Vertrag zu modifizieren. Dass dies, wie im Fall der EU, nur noch in der Theorie möglich, jedoch – z. B. beim Erfordernis der Einstimmigkeit sämtlicher Mitgliedsstaaten – praktisch unmöglich ist, wird dabei übersehen (man kann nur aus dem Verbund austreten wie Großbritannien). Immerhin wird gelegentlich zugegeben, dass das Verlorene nicht mehr zurückholbar ist, dass also die immer weitergehende Übertragung ein »Stadium« erreichen kann, »das eine Umkehr ausschließen mag«.[110]

Der stillschweigend hingenommene Verlust an Souveränität durch das Outsourcen von Hoheitsrechten an Private be-

gann schon vor Jahrzehnten. Die »ökonomische Souveränität« wurde von Ulrich Beck unumwunden so beschrieben:
»Die Weltwirtschaft ›usurpiert‹ Staatsaufgaben, macht sich
auf diese Weise nicht nur vom Staat unabhängig, sondern ver-
wandelt sich unter der Hand – zugespitzt gesagt – in eine Art
›Diktatur eines Weltprivatstaates‹.« Es gehe dabei »nicht um
die Eroberung von Staaten, sondern um die Eroberung des
transnationalen Raumes. Es ist nicht die Relativierung der
Staatsmacht, sondern deren Abwesenheit, die den weltwirtschaftlichen Akteuren das Recht des Ersten, Recht zu setzen,
zuspielt.« Und, noch ausführlicher: »Es handelt sich dabei um
Frühformen einer ›ökonomischen Souveränität‹, die spiegel-
bildlich zur staatlichen Souveränität verstanden werden muß,
und zwar durchaus im Sinne einer neuen, *nicht*öffentlichen
Organisationsform privater, Recht setzender Gewalt, die über
den souveränen Staaten steht, ohne selbst staatliche Souveränität zu besitzen.«[III]

Zu selten und zu leise wird gefragt, wie denn ein solcher offenbar kaum noch umkehrbarer Souveränitätsverlust eintreten kann, ohne dass die Repräsentanten des Souveräns ihm
Einhalt gebieten. Darauf gibt es mehrere Antworten aus dem
realen politischen Geschehen.

Erstens, wie beschrieben, sind unzählige Verabredungen
und Beschlüsse, die in diese Richtung zielen, von so informel-
ler, unverbindlicher Natur, dass sie noch weit unter dem Auf-
merksamkeitsniveau einer Parlamentsentscheidung ablaufen:
Der Souverän braucht sich offenbar nicht darum zu kümmern,
solange der bloße Vorbereitungscharakter der Beschlüsse auch
nur der Form nach gewahrt ist.

Zweitens wird auch die große Politik nur selten mit einem
Knall verkündet und ins Werk gesetzt, sie wird vielmehr in sehr

vielen kleinen, unmerklichen Schritten angegangen. Jeder einzelne Schritt sieht ungefährlich aus; erst mehrere hintereinander machen die Richtungsänderung sichtbar. Aber dann ist es meist zu spät für ein Zurückdrehen des ganzen Vorgangs. (So wie die Bundesregierung, übrigens oft an der Wahrheit vorbei, gegen Globalisierungskritiker behauptet, man könnte nicht hinter dieses oder jenes schon vor langer Zeit geschlossene internationale Abkommen »zurückfallen«.) Dieses Vorgehen ist keine Erfindung der Globalisierer oder der EU, sondern praktische politische Vernunft seit jeher.[112] So kommt es dazu, dass die Fachwissenschaft immer wieder, nach den kleinen politischen Schritten gefragt, nur davon spricht, dass die Souveränität vielleicht »durchbrochen« oder »beeinträchtigt« sei, gelegentlich auch »in transition«; aber im Kern sei sie noch immer nicht beseitigt.

Drittens ist anzuerkennen, dass die Internationalisierung der Politik (nicht nur der Weltwirtschaft) die Staaten zwingt, miteinander in politische Verhandlungen einzutreten. Soweit es dabei um »Identitätsverteidigung« geht,[113] sind Souveränitätskompromisse ausgeschlossen: Ein nicht verhandelbarer Kern an Selbstbestimmung wird durchaus gegenseitig anerkannt. Unterhalb davon sind dann allerhand Deals vorstellbar.

Hier kann nicht genug gewarnt werden vor einem verräterischen Vokabular. Wenn etwa ein Wirtschaftsvertreter sagt, zwischen Ökonomie und Ökologie bestehe kein Gegensatz, ist besondere Wachsamkeit geboten (das unzutreffende Argument wird ja auch immer nur von der Wirtschaft ins Feld geführt). Etwas eleganter wird der Begriff der »Balance« verwendet: Es müsse eine »Balance« gefunden werden zwischen, sagen wir, Fracking und Umweltschutz. Die Frage, ob diese beiden (ein partikulares Interesse und Artikel 20a des Grundgesetzes) überhaupt vergleichbare Kategorien darstellen, d. h.

balancefähig und gegenseitig verrechenbar sind, also überhaupt gegeneinander abgewogen werden dürfen – diese Frage wird erst gar nicht gestellt. Auch auf höherer Ebene wird die »Balance« bemüht; so etwa, wenn zwischen der Effektivität einer Maßnahme und dem »erforderlichen Bedarf an Verantwortlichkeit« eine »Balance« hergestellt werden soll: »Mehr Verantwortlichkeit ist nicht immer besser. Die optimale Balance muss auf der Basis von Erfahrungen nachgeführt werden.«[114] Das ist bereits der beunruhigende Versuch einer Machterweiterung.

Man würde zögern, die Vermutung zu äußern, dass auch Souveränität Bestandteil eines Kosten-Nutzen-Vergleichs werden könnte. Aber genau dies taucht in einer Untersuchung der vielen Vorzüge auf, die eine informelle Rechtsetzung bietet.[115] Unter sieben »signifikanten Vorteilen« gegenüber allen legislativen Formalitäten wird unter Punkt 2 vermerkt, »die informellen Vereinbarungen zwingen den Staaten in sensiblen Bereichen geringere Souveränitätskosten [sovereignty costs] auf«. Hier werden also Rechte zum Tausch- und Zahlungsmittel für wirtschaftliche Vorteile. Die genannte Vermutung, allem Zögern zum Trotz, scheint berechtigt: Hoheitsrechte im Tauschhandel mit der Ökonomie – sobald diese Tür geöffnet wird, hat die Souveränität, hat die demokratische Selbstbestimmung keine Zukunft mehr.

8 Der Ernst der Lage

Eine Weltordnung, die mehr als dreihundert Jahre gehalten hat, verdient sicher einen kurzen Blick zurück auf ihre Entstehung.

1648 ging der Dreißigjährige Krieg zu Ende. Weil die Friedensverhandlungen aus Uneinigkeit zwischen den christlichen Konfessionen an zwei Orten stattfanden (im katholischen Münster und im protestantischen Osnabrück), bekam das Ergebnis nicht den Namen einer Stadt, sondern einer Provinz: der Westfälische Friede. Zwar war das alte Deutsche Reich zusammengebrochen, aber der Friedensvertrag bestätigte die Unabhängigkeit der Monarchien und schuf die rechtlichen Voraussetzungen für die künftigen Nationalstaaten und ihr Miteinander in Europa und darüber hinaus. Er definierte territoriale souveräne Herrschaftsgebiete (Staaten), in denen sich die öffentliche Gewalt zentralisierte und die nach außen vor Ansprüchen anderer Staaten geschützt waren.

Diese lange Zeit stabile »Westfälische Ordnung« wird heute »überholt« genannt.

Verfallstheorien

Die Westfälische Ordnung besteht, sagt man, heute nicht mehr. Ist etwas anderes an ihre Stelle getreten? Ja, »ein wenig übersichtliches Gefüge, in dem die vom Staat ausgeübte öffentliche Gewalt sich wieder in ihre Bestandteile, die einzelnen Hoheitsrechte, aufspaltet«.[116] Trotzdem sprechen manche Beobachter, wenn auch ungenau, weiter von einer »Ordnung«, nun eben von einer »post-westfälischen Ordnung«. Um der Rechtsetzung außerhalb der Parlamente einen Namen zu geben, nennt man sie dann auch gern »post-nationale« Gesetzgebung, die jetzt nicht mehr »die exklusive Domäne der Staaten« ist.[117]

Der Nationalstaat scheint verschwunden zu sein. Geblieben ist ein undefiniertes transnationales Geflecht: die Weltwirtschaft.

Die Bildsprache für dieses Verschwinden ist ausgesprochen fantasievoll und vielfältig. Einig sind sich viele Autoren natürlich darin, dass die transnationalen Regime das Regieren übernommen haben. So ist triumphal die Rede davon, dass die voranschreitende Weltwirtschaft den historisch überholten Nationalstaat hinter sich zurückgelassen habe: »Unerbittlich hat die Globalisierung (...) die Grenzen des Nationalstaats gesprengt und ohne Rücksicht auf territoriale Grenzen die einzelnen Produktionsregimes (...) etabliert.« Dem Autor erscheint die so entstandene Situation als ein nicht mehr geordnetes »Gemenge«: »Die Produktionsregimes sind über territorialstaatliche Grenzen hinaus expandiert, was in einer schwer zu entwirrenden Gemengelage unterschiedlicher Wirtschaftsverfassungen endet.«[118]

Auch im Robert Schuman Center for Advanced Studies am Europäischen Hochschulinstitut in Florenz und Fiesole hat man das Dahinschwinden des Nationalstaats mit Wohlwollen begleitet. Der Staat, sagt man dort, habe seine Befehlsgewalt abgegeben, er sei ganz einfach nicht mehr »in control« (schon deshalb nicht, weil er ja in allen wichtigen Fragen auf den technischen Sachverstand der Experten hören müsse). Global ist er schon überhaupt kein Mitspieler mehr, weil er die Einhaltung transnationaler Regeln und Normen nicht mehr durchsetzen kann; also hat er im internationalen Recht nichts mehr zu sagen.[119]

Ebenso begrüßt Claire Cutler diese Entwicklung. Was global geschieht, geschieht offenbar naturwüchsig. Wir leben, sagt sie, in einem Zeitalter, in dem der Staat und seine Autorität vielfach »herausgefordert« sind, so dass nun »alternative Autoritätsquellen« deren Platz einnehmen, speziell die Autorität der Privatwirtschaft (erkennbar umschrieben als »profitorientierte Einheiten«). Der – selbstverständlich »traditionell« genannte – Blick »auf die Autorität und die Souveränität von Staaten« ist vorgestrig, er taugt einfach nicht mehr dafür, die ganze große »gegenwärtige globale Wirtschaft« zu erklären.[120]

Mit immerhin einem kritischen Restbedauern und mit guten Gründen stimmt Ulrich Haltern in der Sache zu: »Zum einen sieht sich der Staat immer weniger in der Lage, autonom den Problemen zu begegnen, die sich im 21. Jahrhundert stellen. Grenzen scheinen funktional entwertet zu sein. Raum ist zunehmend relativ.« Der in sein Territorium eingesperrte Staat handelt schon nicht mehr als Quelle von Entscheidungen, er findet sich vielmehr erstens wie gefangen »in einem Netzwerk von Informations- und Handelsströmen, zweitens als ein Akteur neben anderen, nicht-staatlichen Akteuren, die ihrerseits (...) Recht setzen«.[121]

Nur einen Schritt weiter, und man behauptet wie selbstverständlich das Auftauchen (die »Emergenz«) eines globalen Verwaltungsrechts. Der bisherige Staat wird demnächst nicht mehr gebraucht, da er ohnehin bereits seit einigen Jahrzehnten »entterritorialisiert« und »geschwächt« ist und seinem endgültigen »Zerfall« (»disaggregation«) entgegengeht.[122] Schon jetzt ist der Staat »zerfasert« oder »ausgefranst«, oder er steht sogar kurz vor dem Kollaps.[123]

Ruhiger, nicht ganz so untergangsfixiert ist die Bildsprache bei Ulrich Preuß: »Der Staat, so scheint es, ist damit in der Abenddämmerung seines Daseins angekommen (...).«[124]

Nicht aus der Wissenschaft, sondern aus der Ex-Politik kommt eine Stimme, die sich in den ersten Tagen nach dem britischen Referendum vom 23. Juni 2016 in einer großen süddeutschen Zeitung zu einer charakteristisch deutschen Wortmeldung herbeiließ.[125] Dem ehemaligen deutschen Außenminister Joschka Fischer kann es offenbar gar nicht schnell genug gehen mit der Abschaffung des Nationalstaats. Ganz im Katastrophenmodus schreibt er von einem schrecklichen »Rückenwind« für den Nationalismus »in nahezu allen europäischen Staaten«, von einer »Flut des neuen Nationalismus« in Europa, die »zurückzudrängen« sei durch ein »neues europäisches Narrativ«, durch die »positive visionäre Kraft« der europäischen Einigungsidee, die aber erst »wiedergewonnen« werden müsse. Aber woher nehmen in nahezu allen europäischen Staaten, die doch immer noch einem »falschen Mythos« nachhängen, »einer goldenen Vergangenheit der Nationalstaaten«? Im Vorbeigehen erkennt Fischer zwar an, dass »die wahre Macht« in der EU immer noch »bei den nationalen Regierungen« liegt. Dieses Überbleibsel ist aber gerade das Fatale. Dummerweise haben gerade die Mitgliedsstaaten »die EU bisher wirksam daran gehindert, effizienter zu handeln«. Als wäre es der sichere Niedergang, »sein Heil nun im Nationalstaat zu suchen«. Demnach »Mehr Europa!«. Mehr Integration. Mehr »Weiter so!«.

Die charakteristisch deutsche Befindlichkeit der These verrät sich in der schlingernden Wortwahl. Da ist in einem Satz vom (klar: wenig hilfreichen) »Nationalstaat« die Rede, und im übernächsten Satz mutiert der dann plötzlich zum »Nationalismus«. Das ist kein Taschenspielertrick. Das ist die gemeindeutsche Abneigung, das Wort »National-« in den Mund zu nehmen, um nicht gleichzeitig an seine Übersteigerung denken zu müssen oder den Vorwurf des »Nationalismus« zu provozieren. Die Abneigung erklärt sich aus der Reaktion gegen die Verbrechen der Nationalsozialisten. Alles, was entfernt oder auch nur aus Versehen an jene Zeiten erinnern könnte, wird von Politikern gemieden, jedenfalls von Politikern im wohlangesehenen Spektrum. Und jeder, der diese Hemmung nicht hat, ist schon in der Schmuddelecke bei den Populisten und Rechtsextremen. Historisch ausgedrückt: Ein »Europa der Vaterländer« konnte ein französischer Staatspräsident vorschlagen, ein Deutscher kann das bis heute nicht.

Der moderierende Staat

Ganz und gar soll der Staat aber nun doch nicht degradiert werden. Ein paar Befürworter hat er noch, und die gewähren ihm eine neue, wenn auch bescheidene Aufgabe: Der Staat soll eine Art Schiedsrichter werden.

Wie sieht nun das Spielfeld aus, auf der er diese neue Rolle übernehmen soll? Da tummeln sich die ungezählten transnationalen »bodies« und ihre Regime ohne eine übergreifende Autorität. Alle sind formal gleichberechtigt und müssen sich von niemandem, der nicht zu ihnen gehört, etwas sagen lassen. Wenn sie einmal in Konflikt miteinander geraten sollten, haben sie keine Regeln oder Formen für den Umgang miteinander. Da sind nicht die einen den anderen übergeordnet, sondern alle Regime betätigen sich auf der gleichen Ebene und mit dem gleichen Anspruch auf Selbstverwirklichung. Es gibt also keine Hierarchie zwischen ihnen (die man sich »vertikal« vorstellen müsste), sondern nur ein horizontales Neben- oder Durcheinander.

Der Ausdruck »Netzwerk« für das Nebeneinander der Regime ist der Versuch, diesem Durcheinander wenigstens durch eine freundliche Namensgebung einen Anschein begrifflicher Einordnung zu verleihen. Es mag vorkommen, dass einzelne Regime mit anderen vorübergehend taktische Allianzen bilden, aber ebenso häufig finden wir eine ausgeprägte Konkurrenz zwischen Regimen im gleichen Sachbereich: Wir brauchen nur an die mindestens zehn »bodies« zu denken, die sich, wie erwähnt, mit der Regelung des Internet befassen.

Anspruchsvoller ist die Bezeichnung »Pluralismus« für das Gewirr der Regime, gehobener in der Form »transnationaler Pluralismus« oder noch etwas kreativer »transnationaler Rechtspluralismus«.[126] Der Begriff »Pluralismus« zehrt hier vom Ansehen des demokratischen Miteinanders in der Meinungsfreiheit oder der Vielfalt der Lebensstile in einer Gesellschaft. Er wird hier jedoch ausdrücklich als Kampfbegriff verstanden, als Behauptung nämlich, der »Rechtspluralismus« habe schon sehr früh, vor jeder Globalisierungsdebatte, »fundamental« dazu gedient, »den rechtlichen Formalismus und die angebliche Einheit und hierarchische Struktur der Rechtsordnung im Nationalstaat infragezustellen«. Die »Pluralismus«-Forschung habe jetzt endlich offene

Augen für die Vielfalt der nichtstaatlichen. d. h. privaten Rechtsetzungen. Das ergebe natürlich »ideologische Kämpfe« mit den Verfechtern einer demokratischen Bürgerbeteiligung. Aber es ist halt, wie es ist: Dauernd entstehen weltweit zahlreiche und neue »normsetzende Agenturen, spezialisierte Gerichte und regulatorische Netzwerke«. Also solle man den derzeitigen Zustand besser als Zwischenschritt betrachten auf dem Weg zu einer globalen Rechtsordnung. Wenn die Weltgesellschaft nun mal unfähig sei, die Idee (der Autor sagt nobler: »Meta-Theorie«) eines globalen Regierens zu entwickeln, könne dies eben nur durch eine »unaufhörliche Konfrontation« zwischen »öffentlich und privat, Staat und Markt« zustande kommen. Mal sehen, wer jeweils gewinnt (oft ist es ja, so der Autor weiter, der private »Normen-Unternehmer«, der »sich selbst legitimiert«). Aus dem ständigen Gegeneinander jedenfalls ergebe sich schließlich die neue Weltrechtsordnung.

Hier haben die transnationalen Regime endgültig ihren Adelsbrief erhalten: Sie treten als Abgeordnete des »Marktes«, fast schon wie Souveräne, dem Staat gegenüber, der sich mit ihnen im Streitfall nur noch vor einem nicht-staatlichen Tribunal auseinandersetzen kann.

In dem Neben- und Durcheinander der Regime wird nun dem Staat die Rolle des »Moderators« zugeschrieben. In einem Gedankenmodell zur »Internationalisierung des Verwaltungsrechts«[127] wird das ausführlich begründet.

Der Staat könne in diesem grenzüberschreitenden und hochspezialisierten Geschehen schon deshalb kaum noch mitreden, weil ihm das dafür nötige Wissen fehlt. Insbesondere in den dynamischen Finanzmärkten sei die wachsende Bedeutung privater Regelsetzer unentbehrlich, denn nur sie verfügten über die nötigen Kenntnisse. Außerdem stehe der

Nationalstaat innerhalb seiner engen geografischen Grenzen immer vor dem Problem der entgrenzten Wirtschaft, vom Autor »deterritorialisierte Konstellation« genannt. Die privaten Regelsetzer hätten demgegenüber den Vorteil, nicht territorial gebunden zu sein, sondern einer Wissens-»Gemeinschaft« anzugehören, in der sie »die Vorgänge beherrschen, die insbesondere die Risiken der Finanzmärkte erzeugen«.

Der Staat könne hier nur noch »wie ein guter Wirtschaftsberater« tätig werden, indem er die »Stellung eines moderierenden Zentrums« einnimmt. Er habe damit die Aufgabe, die flexiblen Netzwerke zu beobachten, Selbstblockierungen aufzulösen und praktische Verknüpfungen herzustellen. Kurz: Der Staat habe den privaten Entscheidungen, die ohne ihn getroffen wurden, die Wege zu ebnen. Zu etwas anderem sei er nicht mehr imstande.

Mit wahrer Begeisterung stimmt ein ähnliches Modell damit überein.[128] Dort wird zuerst einmal ein fundamentales Umdenken gefordert: Man müsse endlich erkennen, »wie gewissermaßen der ökonomische Geist das Gehäuse der hierarchisch-bürokratischen Verwaltung durchweht«. Als vorbildlich wird das britische »New Public Management« dargestellt, das sich »nahezu epidemisch über die gesamte OECD-Welt ausgebreitet« habe. Es gehe heute also nicht mehr um irgendein »Klein-Klein«, sondern um »die Verbreitung der Erfolgsbotschaften von Markt, Wettbewerb und Management«. Damit ist der Staat nun endgültig zum »Manager« heruntergedefiniert; er entscheidet nichts mehr, er ist nur noch Mediator in einem ökonomischen Getümmel.[129]

Die Beobachtungen werden ohne Bedauern über mögliche Verluste in dieser Entwicklung beschrieben. Man tut Juristen kaum Unrecht mit der Feststellung, sie neigten zur Hinnahme, ja zur Anerkennung und nachherigen Bestätigung und Begründung des nun einmal Bestehenden. Vielleicht, vermutet einer der obigen Autoren unerwartet selbstkritisch, gibt die umstandslose Verabschiedung des Nationalstaats manchem sogar »ein wohliges Gefühl von Radikalität«.[130]

Aber halt!

Ist die Behauptung, der Staat trete hinter der Ökonomie zurück, wenn man sie an der Realität überprüft, überhaupt stichhaltig? Darauf gibt es eine klare Antwort: Die Behauptung ist in dieser pauschalen Form falsch. Das ist aber kein Trost. Die These ist zwar falsch, aber die Situation ist gerade deshalb nur umso schlimmer.

Es ist nach allem, was in den bisherigen Kapiteln dargelegt wurde, nicht der Staat, der abdankt. Um hier genauer hinzusehen, müssen wir uns an die Gewaltenteilung erinnern; daran, dass uns der demokratische, das heißt der machtbegrenzte Staat in drei Organen begegnet, die wir – historischen Vorbildern folgend – Gesetzgebung, Verwaltung und Rechtsprechung nennen (begrifflich etwas genauer: Legislative, Exekutive und Judikative). Die beiden politisch handelnden Organe sind dabei die Exekutive und die Legislative, in unserem Zusammenhang also Regierung und Parlament.

Wenn wir dies im Blick behalten, müssen wir präziser sagen: Es ist nicht der Staat, der Einfluss verliert, sondern das Parlament – im Gegensatz zur Exekutive. Die Exekutive gewinnt, was die Legislative verliert.

Nicht der Staat wird politisch bedeutungslos (ganz im Gegenteil), nur die Bevölkerung und ihre Repräsentanten; sie sollen nicht so störend viel und dauernd mit- und dreinreden. Um genau das zu vermeiden, ermächtigt die Exekutive immer mehr und neue Ausschüsse, private oder hybride »bodies«, die ohne Beteiligung eines Parlaments »entscheidungsvorbereitende« Vorentscheidungen treffen. Dutzende Regierungsbehörden verabreden sich formell und informell in jährlich Tausenden von Gesprächskreisen, Konferenzen, Räten, Initiativen, Foren, Ausschüssen, Komitees, Koalitionen, Konsortien und Netzwerken und legen dort länderübergreifend Standards, Regeln und Normen fest. Wer kann da vernünftig von einem Niedergang des Staates sprechen? Nicht der Staat ist im Niedergang, sondern das Parlament wird entmachtet; die Exekutive wächst und gedeiht.

Sie kommt bei dieser systematischen Machterweiterung auch ganz ohne Mandat und Auftrag aus. Das ließ sich besonders gut bei der International Conference on Harmonisation (ICH) beobachten: Die Zusammenarbeit der ICH mit der Europäischen Medizinagentur EMA steht, wie erwähnt, rechtlich auf wackligen Füßen; das angeblich »gesetzliche Mandat« der EMA wird zwar behauptet, ist aber in den angegebenen Dokumenten nicht zu finden. Was die weltweite private Normsetzung aufrechterhält und zügig erweitert, ist allein die bisher widerspruchslos hingenommene Praxis. Im Tenor akademischer Zurückhaltung beschreibt Joanna Mendes die Folgen solcher Aktivitäten: »Fälle wie dieser (...) könnten dazu beitragen, das Gewicht der Exekutive zu stärken und in Grenzfällen die Entscheidungsfreiheit des Gesetzgebers bei der Gestaltung der internationalen Verpflichtungen der EU zu umgehen.«[131]

Es bleibt angesichts dessen erstaunlich, warum eine so große Zahl angesehener Staatsrechtler den Abgesang auf den »Staat« intoniert. Ein Grund mag darin liegen, dass sich die Exekutive bei ihrer emsigen, aber stillen Tätigkeit in den transnationalen »bodies« ungern öffentlich zeigt, da sind Gipfelfotos von Regierungschefs schon medienfähiger; mit anderen

Worten: Das Internationale ist fotogen, das Transnationale ist nur Arbeit und Alltag. Noch erstaunlicher ist allerdings, dass bei den freudigen Zustimmungen zum Schwund des Staates mit keiner Silbe vom Bedeutungsverlust des Parlaments die Rede ist.

Man kann nun nicht der Globalisierung auch dafür die Schuld zuschieben, dass die Exekutive ihre Macht auf Kosten des Parlaments erweitert. Denn der Bedeutungsverlust der Legislative ist gerade nicht international entstanden, sondern zuerst im Innern der Staaten selbst, und zwar durch die oft beschriebenen Prozesse der Deregulierung, Privatisierung und Ökonomisierung, die bei ständig nachlassendem Wachstum zum Zweck der Wirtschaftsförderung in Gang gesetzt wurden. In diesen Prozessen und deren ansteigender »Komplexität« legte sich die Exekutive neue Agenturen zu. Dies hatte den Vorteil, dass dafür nicht erst mühsam Gesetze durch das Parlament gebracht werden mussten; wenn die Exekutive ihren Einfluss (kritisch: ihre Machtbasis) vergrößern möchte, kann sie sozusagen unterhalb der Schwelle eines Gesetzes, etwa auf dem Verordnungsweg, ohne großes Aufsehen sich selbst ermächtigen. Solange sie sich formal im Rahmen der geltenden Gesetze bewegt, wird sich schon kein demokratischer Aufschrei erheben. Ein so unauffälliges, so wenig spektakuläres Vorgehen findet regelmäßig kein Interesse in der Öffentlichkeit oder den Medien. Das gilt natürlich erst recht für die standardsetzende Kleinarbeit der neuen »bodies«.[132] Irgendwann liegen deren Ergebnisse im Ganzen vor, und dann, nachdem niemand bei den Anfängen protestiert hat, kann man »nicht mehr zurück«.[133]

Der potenziell störende Einfluss des Parlaments ist damit weitgehend ausgeschaltet. Bei den seltenen Nachfragen aus der Opposition kann die Regierung, falls sie überhaupt in der

Sache antwortet, immer darauf verweisen, dass es lediglich um »gesetzesvorbereitende« Tätigkeiten gehe und das Parlament im Bedarfsfall, also eventuell, aber jedenfalls später, schon noch informiert werde.

Daraus ergeben sich zwei Folgerungen.

Erstens: Die Entmachtung des Parlaments ist sicher nicht der Weg in die Diktatur der Wirtschaft. Aber wer auf lange Sicht die Gewaltenteilung dadurch abschaffen möchte, dass er eine Staatsgewalt, die Vertretung des Volkes, administrativ kaltstellt, könnte es nicht geschickter anstellen.

Und zweitens: Die Forderung nach dem Primat der Politik vor der Ökonomie, nach einer anderen, einer demokratischen Gewichtsverteilung zwischen Staat und Markt ist wirklichkeitsfremd. Um es ganz unmissverständlich zu sagen: Es gibt keinen Widerspruch oder Gegensatz zwischen der Exekutive und der Wirtschaft, und es kann keinen geben. In den »bodies« und deren transnationalen Regimen konnten wir eine harmonische Zusammenarbeit, ja eine Symbiose von privaten Normgebern und staatlichen Behörden beobachten. Erstere lassen sich ihre möglichst weiten Freiräume bestätigen, Letztere profitieren von der Wirtschaftsleistung in ihrem Bereich. Beide Interessen widersprechen sich nicht, im Gegenteil: Sie ergänzen sich. In solcher Konvergenz gehen beide, Exekutive und Wirtschaft, Hand in Hand einer rosigen Zukunft entgegen. Das Volk hat keinen Grund zur Beschwerde: Für den Wohlstand ist ja gesorgt. Es geht beinahe so zu wie im Witz von dem Ehemann, der vor lauter Geldverdienen seine Frau vernachlässigt und, wenn sie sich beklagt, antwortet: »Für wen tu ich denn das alles?«

Wer braucht da noch Abgeordnete?

Global Governance?

Man könnte meinen, dass ein so sperriger Begriff wie »Governance« kein langes Leben vor sich hat, außer in einer abgelegenen Nische. Aber das wäre voreilig. Der Begriff ist seit einigen Jahren auch in deutschsprachigen Politikdiskussionen heimisch geworden.[134] Er leistet dort gute Dienste, indem er Verfahren und Wirkungen eines neuartigen Regierens bezeichnet, das nicht mehr allein von (gewählten) Regierungen ausgeht. Sein besonderer Charme ist die Aura von Modernität und Innovation. In der Form »Global Governance« berührt sich der Begriff dann mit unserem Thema hier: dem politischen Einfluss der transnationalen Regime.

In der zustimmenden Verwendung von »Global Governance« wird als selbstverständlich unterstellt, dass der traditionelle demokratische Staat unfähig ist zur Steuerung (auch »Lenkung«) einer Gesellschaft oder zur Lösung der Weltprobleme. In der Formel »Von Government zu Governance« drückt sich also eine gewisse Fortschrittsgläubigkeit aus.

Dass »Global Governance« von interessierter Seite mit Gewinn benützt wird, versteht sich von selbst. Für den Bundesverband der Deutschen Industrie (BDI) ist »Global Governance« direkt identisch mit der »Gestaltung der Globalisierung«. Das klingt dann so: Deutschlands »Wohlstand hängt wesentlich von Entwicklungen ab, die nicht allein national gesteuert werden können. Um die Globalisierung mitzugestalten und weiterhin von dieser zu profitieren, muss sich Deutschland aktiv an der Global Governance beteiligen.«[135] Sie wird hier nicht etwa als Idee oder Projekt beschrieben, sondern als bereits tatsächliches Geschehen, auch »globale Ordnungspolitik« genannt. Es werden verschiedene Formate unterschieden: formelle und informelle; zu den ersten zählt das Handelsrecht in »völkerrechtlichen Verträgen« (Beispiel: die Welthandelsorganisation WTO), zu den Letzteren, als »herausragend«, die erwähnte G20, die im Blick des BDI dynamisch zum »G20-Prozess« erhöht wird. Diesem Prozess wird spezielle Hilfe zuteil, und zwar durch eine neue Lobbygruppe, die sogenannte »B20«: »Für den G20-Prozess wurde mit der Business 20 (B20) ein ähnliches Format geschaffen, in dem Vertreter der Weltwirtschaft die G20 durch konkrete Handlungsvorschläge unterstützen. Die Wirtschafts- und Industrieverbände der G20-Staaten haben zudem ihre Zusammenarbeit in der B20 Coalition verstetigt. Die B20 Coalition unterstützt den B20-Prozess und sichert einen kontinuierlichen Dialog über die wechselnden G20-Präsidentschaften hinaus.« Offen nach mehreren Seiten, bietet sich insbesondere die B20 Coalition als Bindeglied an zwischen »Regierungen, internationalen Einrichtungen und der Wirtschaft« (hier haben wir eine gute Beschreibung für den »Zwischenraum«, den die Global Governance besetzt hat). Die B20 und die B20 Coalition begleiten nicht nur die internationalen Abstimmungsprozesse, sie beobachten darüber hinaus auch, ob und wie diese Prozesse umgesetzt werden, und sind dann mit Expertisen und Ratschlägen zur Stelle (das heißt dann, wörtlich, »konsolidierte Interessenvertretung«).

Daneben gibt es nun auch die Idee einer »International Governance« (mit der sich ein eigener Thinktank beschäftigt, das »Centre for International Governance Innovation«, CIGI). Dort wird bereits diskutiert, ob sich die G20 weiterhin nur um das Wirtschafts- und Finanzsystem kümmern soll. Sei es nicht an der Zeit, dass sich dieses Spitzentreffen, wie informell es auch immer sei, mit weitergehenden Problemen befasste? Und müsse es nicht, um Konflikte zu vermeiden, sich abstimmen mit anderen »bodies«, zum Beispiel mit der – möglicherweise überflüssigen – G8 bzw. G7, dem Internationalen Währungsfonds »und weiteren globalen Institutionen« wie auch der UNO? Der G20 wird hier schon die Funktion einer »Weltbehörde« zugeschrieben, einer »world economic governance«.[136] Schließlich, so wird argumentiert, sei die G20 doch genau deshalb ins Leben gerufen worden, weil die Nationalstaaten sich in der Finanzkrise seit 2008 als total ineffizient erwiesen hätten.

In dieser Diskussion will nun auch die Friedrich Ebert Stiftung nicht sprachlos bleiben. Sie steht, sagt man, der Sozialdemokratischen Partei Deutschlands nahe, könnte es also vielleicht besser wissen, als plötzlich ein Papier vorzulegen, das allen Ernstes die Frage stellt, ob mit der G20 ein »World Economic Government« im Entstehen sei, also keine bloße »Governance« mehr, keine informelle Wunschliste (wie noch bei der De-facto-Aufforderung an den Basler Ausschuss), sondern gleich eine veritable »Weltwirtschaftsregierung«.[137] Um »die Weltwirtschaft zu retten«, müsse die G20 dann aber ihr »Mandat« über das reine Finanzkrisenmanagement hinaus erweitern (die Frage, ob die G20 überhaupt von irgendwem ein Mandat hat, wird erst gar nicht gestellt). Außerdem müsse sie das informelle Format dieser Ad-hoc-Treffen aufgeben und sich eine ordentliche Organisation zulegen. Selbstverständlich wäre die G20 dem Financial Stability Board FSB, der G7/8 und einigen anderen Gremien und »bodies« übergeordnet.

Einen besonderen Platz erhält die Global Governance in dem ideologisch neutralen neunbändigen Handbuch ›Geschichte des politischen Denkens‹ von Henning Ottmann. Im letzten Kapitel des letzten Bandes wird dort über »Demokratie jenseits des Nationalstaats« nachgedacht.[138] Vier Modelle werden nebeneinandergestellt zusammen mit der Frage, ob jedes »ein neues Paradigma oder eine neue Utopie?« sei: der »Weltstaat«, die »Weltrepublik« und die »cosmopolitan democracy«. Diese drei werden als mehr oder weniger untauglich verworfen. Dann das vierte Modell: die »Global Governance«. Der Autor bezeichnet sie leicht abschätzig als »Hausphilosophie der Vereinten Nationen« und behält überhaupt dem – »modisch« gewordenen – Begriff gegenüber eine deutliche Skepsis bei. Er legt sich aber nicht fest: Die Idee könne sich zwar gegen die Nationalstaaten richten, aber »ebenso eine bleibende Rolle der Nationalstaaten vorsehen«. Ohnehin sei der Begriff sehr ungenau und »jedermann zur Deutung freigestellt«.

Die Befriedigung, mit der ein Industrieverband das Konzept der Global Governance vor sich herträgt, ist erklärlich. Die vorauseilende Erweiterung zum »Global Economic Government« durch eine Stiftung, die man in der Nähe der Sozialdemokratie vermutete, ist es weniger. Die Vorbehalte des Handbuchs sind eine ausgewogene Bewertung.

Allen drei und unzähligen anderen Erörterungen zur Global Governance ist gemeinsam, dass sie sich wegen möglicher Demokratiedefizite keine grauen Haare wachsen lassen. Sie lesen sich so kühl und organisationstechnisch, als hätte man einen Unternehmensberater zur Reorganisation einer Regierung herbeigerufen. Fast alles, was in einer Demokratie zu den Errungenschaften gehört, für die jahrhundertelang gekämpft und gestorben wurde, also Volkssouveränität, Abgeordnete, freie und unabhängige Wahlen, Legitimation, Rechtfertigungspflicht und Abwählbarkeit – all das ist für die Effizienz in der Governance ohne Bedeutung. Die Fähigkeit, Probleme auf irgendeine Weise zu lösen, wird durch die schweigende Zustimmung der Regierten »output-legitimiert«. Störungen durch politische Willensäußerungen finden nicht statt. Der Abschied von der Demokratie und vor allem die nicht-staatliche Normgebung werden als willkommene Neuerung[139] und guter liberaler Pluralismus hingestellt. Die Rückeroberung der Demokratie, das heißt der Angelegenheiten, »die alle angehen«, wird nicht einmal erwogen.

Und der Souverän und seine Repräsentanten schauen mit hängenden Armen zu und schweigen.

Der Nationalstaat ist dabei, sich unter Wert an die Ökonomie zu verkaufen. Wird er auch die Bürgerrechte für das Linsengericht eines Wohlstandsversprechens preisgeben?

Bevor er sich selbst völlig aufgibt, sollten wir einen Augenblick innehalten und uns vor Augen führen: Der Staat, vollständig nur mit Parlament und Gerichten, ist das einzige Forum, auf dem Bürgerinnen und Bürger ihre politischen Rechte einfordern können, ihr einziger »Raum des Rechts«. Wir haben keinen anderen.

Wir sind an einer schwierigen philosophischen Frage angekommen: am Verhältnis von Recht und Wirklichkeit. Darf man alles, was geschieht, kritiklos hinnehmen? Immer nur das Geachtete achten und das Bestehende bestätigen?

Auch der Nicht-Jurist führt gern die Rede von der »normativen Kraft des Faktischen« im Mund; oft ist das aber ein Missverständnis. Der Ausdruck besagt selbstverständlich nicht, dass die Wirklichkeit dem Recht Normen und Gesetze diktiert. Das Recht ist kein passiver Spiegel der Verhältnisse, wie sie nun einmal sind. Das Recht kann aber nicht einfach an der Wirklichkeit vorbeireden. Es will sie ja ordnen. Es gibt also auch etwas wie die »faktische Kraft des Normativen«. Was soll nun gelten? Ein für alle Mal lösbar ist die Frage nicht. Es wird immer darauf ankommen, wofür sich die Menschen in ihrem »Raum des Rechts« entscheiden. Wenn sie sich entscheiden.

Der Mann, der in Kafkas Parabel jahrelang untätig »Vor dem Gesetz« sitzt und auf Einlass wartet, ist wie ein Abbild unserer resignierenden Gesellschaft. Als es zu spät ist und die Tür geschlossen wird, sagt man dem Mann, er hätte nur aufstehen und hineingehen müssen. Die Tür war für ihn bestimmt.

Wiederaneignungen

Niemand hat die Absicht, die Demokratie abzuschaffen. Aber das heißt nicht viel.

Die altrömische Monarchie wurde in der Tat abgeschafft, spektakulär, indem man den siebten König aus der Stadt jagte (ca. 507 v. Chr.). Die römische Republik war geboren. Die Regierung lag nun in den Händen zweier vom Volk gewählter »Konsuln«. Später kamen zwei ebenfalls gewählte Tribunen mit starken Vetorechten hinzu. Auch die nach Julius Caesar regierenden Herrscher ließen beide Institutionen bestehen. Sie schafften im Lauf der Jahrhunderte nur die Wählbarkeit ab und ernannten Consuln und Tribune lieber selbst, bis sie schließlich deren Titel und Machtfülle selbst übernahmen.[140] Erst in der absoluten Monarchie Diokletians verschwanden Consulat und Tribunat. Man konnte also jahrhundertelang dem schönen Schein nachhängen, die Republik bestehe irgendwie immer noch, auch wenn sie möglicherweise einen »Formwandel« hinter sich und eine immer mächtigere Exekutive über sich hatte.

Es mag strittig sein, ob man aus der Geschichte lernen kann. Aber wir verallgemeinern hier einmal: Es scheint, als könnte eine Bevölkerung auch im leer geräumten Gehäuse, hinter der bloßen Fassade einer Staatsform irgendwie ruhig weiterleben. Der Historiker Edward Gibbon meinte, man könne das System des römischen Kaisertums zusammenfassen »als eine durch republikanische Formen maskierte Monarchie«, in der »die Herren der römischen Welt (...) sich als rechenschaftspflichtige Diener des Staates« ausgaben.[141] Etwas bildhafter urteilt Theodor Mommsen über den entmachteten Senat der Spätzeit ebenso: Er habe nur noch die Rolle gespielt, »als Figurant der Souveränität das große römische Weltschauspiel zu epilogiren [sic]«.[142]

Aber selbst wenn das manchen nun an das erinnert, was Ingolfur Blühdorn als »Simulative Demokratie« oder Colin Crouch als »Postdemokratie« beschrieben haben: So weit muss es mit uns nicht kommen.

Die Situation

Die repräsentative Demokratie ist nicht Ziel oder Ende der Geschichte. Auch nicht »Tand, Tand«, aber doch ein »Gebilde von Menschenhand« (Fontane).

Die gegenwärtige Lage, wie wir sie hier beschrieben haben, sieht folgendermaßen aus: Es gibt eine unbekannte, nirgendwo registrierte Anzahl formloser Gruppen (in internationalen Handelsverträgen nur »bodies« genannt), in denen, jeweils für eine Branche, Wirtschaftsvertreter und staatliche Behörden zusammensitzen und globale Regeln und Normen (transnationale Regime) festlegen; die Gruppen sind ungreifbar und formlos, sehr oft nicht einmal eine rechtsfähige Organisation; ebenso informell sind auch ihre Beschlüsse oder Beinahe-Beschlüsse oder Vereinbarungen, die dann als »soft law« oder noch weicher als Empfehlung oder Meinungsäußerung auftreten, manchmal auch beides gleichzeitig; keine dieser Gruppen ist gewählt oder abwählbar oder einer demokratischen Kontrolle unterworfen; manche der so global verabredeten Normen werden, so wie sie sind, de facto oder de jure zu geltendem Weltwirtschaftsrecht; andere kommen zwar vor Parlamente, können dort aber, als weltweit ausverhandeltes »Paket«, nicht mehr verändert werden. Die Parlamente und die Bevölkerungen der betroffenen Nationalstaaten akzeptieren schweigend diese Entmachtung (Skandale entstehen nur bei schweren Pannen); in der »Schumpeter-Demokratie« treten Parteien von Zeit zu Zeit im marktkonformen Wettbewerb wie Unternehmen gegeneinander an, um eine neue Exekutive zu bilden und ihr Personal in Positionen zu bringen; nach den Wahlen zieht sich die Exekutive zurück in die Hinterzimmer der »bodies« und heckt einvernehmlich die nächsten Beschlüsse aus.

Ein vernünftiges Gespräch über Gegenmaßnahmen ist nur unter einer starken Voraussetzung möglich: Gebraucht wird – bei einer ausreichenden Zahl von Menschen – ein politischer Wille, der sich artikuliert und zum »Mitthun« verdichtet.[143]

Der ungeformte politische Wille wird zunächst sichtbar in der Weigerung, das Gebotene fraglos hinzunehmen. Er macht sich in so verschiedenen Gestalten bemerkbar, oft nur als Unmut oder Unbehagen, dass es nicht leichtfällt, sie unter einer einzigen Überschrift zu beschreiben. Vor allem aber richtet sich die eintretende Weigerung gegen kaum miteinander verwandte Missstände: etwa gegen die fortschreitende Zerstörung des Planeten, die Durchökonomisierung der Lebensverhältnisse, den immer größeren Abstand zwischen Arm und Reich, gegen Politik hinter verschlossenen Türen, gegen den Eindruck, nicht mehr gefragt oder gebraucht oder noch allgemeiner: respektlos als Verschiebemasse und *quantité négli-*

geable behandelt zu werden. Ein so vielförmiges Unbehagen ist zwar an vielen Stellen und in vielen Ländern auch außerhalb Europas spürbar;[144] es ist aber – vermutlich – derzeit eher ein schwer greifbares kulturelles Phänomen und lässt sich politiktheoretisch nur schwer auf einen Begriff bringen. Der Unmut wird von keiner Partei (die nicht als »populistisch« beschimpft werden möchte) aufgegriffen[145]; eine Übersetzung in ein Wahlprogramm ist allerdings nicht möglich. Aber gleichwohl: In diesem Kaleidoskop des Unbehagens werden irgendwann innovative Politikformen sichtbar werden.

Die Unzufriedenheiten finden Ausdrucksformen ganz verschiedener Reichweite. Sie reichen von strategischer Passivität (der Wahlenthaltung der Vernachlässigten) über Demonstrationen (etwa gegen transatlantische Handelsabkommen) und die Entstehung neuer Bewegungen und Parteien (Podemos in Spanien) bis hin zu punktuellen Besetzungen kürzerer Dauer (Occupy Wallstreet) und gewaltsamen zivilen Aufständen (in Nordafrika). Es ist nicht vorherzusagen, ob oder wann sie sich zu konsistenten politischen Aktionen konkretisieren oder sogar neuartige Institutionen herbeiführen.

Gemeinsam ist solchen weithin vor-politischen Einstellungen jedoch die wachsende Befürchtung, die Wohlstandsmehrung werde zu teuer erkauft, wenn dabei die Schönheit des Lebens verlorengeht.

Die Zivilgesellschaft

Wenn gelegentlich die Teile der Bevölkerung, die nicht in Wirtschaftsverbänden oder in Staatsdiensten tätig sind, als »Bürger-« oder »Zivilgesellschaft« hervorgehoben werden, ist eine gewisse Skepsis angebracht, besonders dann, wenn dieser Zivilgesellschaft eine Art Wächterrolle gegenüber Macht-missbräuchen zugeschrieben wird. Es werden dann dem Staat gern die privaten Nichtregierungsorganisationen (NGOs) ge-genübergestellt. Abgesehen davon, dass damit den Übergriffen eine Art Freifahrtschein ausgestellt wird, besteht zwischen den Machteliten und jeder NGO eine strukturelle Asymme-trie, zum Nachteil der NGO. Für alle Unternehmen nämlich gelten die Kosten ihrer Verbandsaktivitäten als steuermin-dernde Betriebsausgaben, während die NGOs ihre Kosten ohne staatliche Hilfe alleine tragen müssen. Das führt dazu, dass nur diejenigen NGOs überhaupt in den Medien wahr-genommen werden, die über eine hohe Finanzkraft verfügen (also etwa Greenpeace, nicht aber zum Beispiel die viel klei-nere Arbeitsgemeinschaft bäuerliche Landwirtschaft, die gegen die Agrarindustrie anzutreten versucht), von ihrem unaufhol-baren Rückstand an Wissen und Personal gar nicht zu reden. Ohne institutionelle Ausrüstung werden die Aktivitäten der Zivilgesellschaft also den Verbänden der Wirtschaft immer unterlegen sein.

Man soll die Dinge nun aber auch nicht zu pessimistisch sehen. Zwar wird den Befürwortern der Bürgergesellschaft eine völlige Wiederaneignung der Demokratie kaum gelin-gen,[146] aber andererseits sind zahlreiche NGOs in interna-tionalen Einrichtungen immerhin als Gesprächspartner ak-kreditiert und werden bei bestimmten Vorhaben tatsächlich konsultiert. Dass solche Konsultationen nicht immer die er-hoffte Wirkung zeigen, steht auf einem andern Blatt; ebenso, dass die Konsultation in allen Fällen »ausgewogen« sein muss, dass also die Wirtschaftsverbände ihrerseits ebenfalls am Ge-spräch beteiligt sind, oft in erheblich höherer Zahl und Inten-sität. Aber die Hoffnung, dass die NGOs hierbei doch einen gewissen Druck auf Verhandlungsergebnisse ausüben, besteht nicht ohne Grund. Einige Beobachter sehen hier sogar »good government« und »good governance« nebeneinander, sozusagen im komplementären Gleichgewicht.[147] Es ist ja auch nicht zu leugnen, dass die EU-Kommission ihre geplante Richtlinie zur Wasserprivatisierung 2013 auf öffentlichen Protest hin dauerhaft zurückgezogen hat.

Für einen wie auch immer gearteten Erfolg einer NGO wird es jedoch entscheidend auf zwei Dinge ankommen: ob die Konsultation verbindlich vorgeschrieben ist und dann vor allem zu welchem Zeitpunkt sie stattfindet. Die erste Bedingung ist selbstverständlich. Mit einer wirksamen Ausgestaltung der zweiten Bedingung soll verhindert werden, dass die NGOs erst im Nachhinein, wenn das Kind schon im Brunnen liegt, zu bloßen »Skandalisierungsagenturen« werden. Mit anderen Worten: Die verbindliche Konsultation muss bereits für die Planungsphase der Maßnahme, sodann für deren Vorbereitung, laufende Verhandlung und spätere Überwachung vorgeschrieben sein. Zu den wesentlichen Bedingungen gehört weiterhin, dass die Maßnahme ausführlich erklärt und die Berücksichtigung bzw. die Abweisung einer abweichenden Meinung der NGO gegenüber begründet und die Begründung publiziert wird. Das ist im Vergleich zur heutigen Missachtung der Zivilgesellschaft ein recht ehrgeiziges Programm.

Eine neuartige Sonderform der zivilgesellschaftlichen Teilhabe stellen seit einigen Jahren die sogenannten Domestic Advisory Groups dar (DAG, etwa: »inländische beratende Gruppe«). Sie sind in neueren bilateralen Handelsvereinbarungen generell folgendermaßen vorgeschrieben: Jede Vertragspartei bildet eine DAG; sie soll sich ausgewogen aus Wirtschafts-, Arbeitnehmer- und NGO-Vertretern zusammensetzen. Aufgabe der DAG ist die Überwachung der Vorschriften des Handelsvertrags. Die

DAG trifft sich mindestens einmal im Jahr und außerdem einmal jährlich mit der DAG der anderen Vertragspartei zum sogenannten »Civil Society Forum«. Die Interventionsrechte der DAGs sind vertraglich, wenn auch nicht in allen Abkommen ausgestaltet (insbesondere ist ein Schlichtungsverfahren zwischen einer DAG und einer Vertragspartei kaum geregelt).

2016 existierten konkret die beiden DAGs unter dem EU-Korea-Handelsvertrag. Die EU-DAG wird vom Europäischen Wirtschafts- und Sozialausschuss (EWSA) zusammengesetzt. Fünf von zwölf Mitgliedern waren im Jahr 2013 NGOs und nahmen am Civil Society Forum in Brüssel teil: eine Menschenrechtsorganisation, der Tierschutz, ein Berichterstatter für Grünes Wachstum, die Landwirtschaft und Entwicklungshilfeorganisationen der Diakonie. Die NGO-Mitglieder rotieren in der DAG, so dass nach gewisser Zeit auch bisher nicht vertretene NGOs die Möglichkeit der Mitgliedschaft erhalten.

Drei Jahre später ist von Ausgewogenheit nichts mehr zu sehen: Jetzt dominieren hier zwölf Vertreter der Wirtschaft die Sitzungen gegenüber nur noch je vier Organisationen in den Untergruppen Gewerkschaften und NGOs (in denen ein Vertreter des EWSA dabei ist). Die EU-DAG zum Vertrag mit Korea ist – vor anderen, in künftigen Handelsverträgen der »neuen Generation« geplanten – die erste aktive Domestic Advisory Group. Ihre Diskussionsthemen und Arbeitsformen gewinnen damit eine hohe Bedeutung, ja eine ausgesprochenen Vorbildrolle für spätere Verträge.[148]

Es ist sicher noch zu früh, die Effektivität der zivilgesellschaftlichem Mitsprache in den DAGs zu bewerten. Als Vorteil erscheinen die Regelmäßigkeit der Sitzungen und die relativ genaue Festlegung der Arbeitsverfahren; die NGOs sind mithin nicht von der Gnade der punktuellen Einladungen abhängig. Nachteilig, aber schon in der Struktur angelegt, ist die Begrenzung auf die reine Beratung, aber schlimmer noch die Unterlegenheit, die sich in der unausgewogenen Besetzung zeigt: Wenn dort ein Vertreter der Umweltorganisation Client Earth dem mächtigen European Services Forum ESF ins Gehege kommt, ist der Ausgang vorhersehbar.

Trotzdem ist die Teilnahme der zivilgesellschaftlichen NGOs zu befürworten, da noch nicht ausgemacht ist, in welche Richtung sich die DAGs entwickeln werden oder von den NGOs (und den Gewerkschaften) dynamisch weiterentwickelt werden können.

Unterstützt würde eine solche Entwicklung selbstverständlich durch die Minimalforderung der Öffentlichkeit: das immer lautere Verlangen nach Transparenz von Verhandlungen. Sie darf sich, wie ja auch die aktive Teilhabe der Zivilgesellschaft, nicht auf die nachträgliche Verlautbarung von Ergebnissen beschränken, sondern muss von Anfang an gegeben sein, das heißt schon mit der Veröffentlichung des Verhandlungsmandats (eine Publizität, die in einigen bekannten Fällen nur nach massivem Druck und trotz dummer Ausreden – »Wir können doch nicht der anderen Seite vorher unsere Roten Linien bekannt geben!« – abgerungen wurde).[149]

Eigentlich naheliegend: Kooperationen

Wenn Wirtschaftsverbände und staatliche Exekutiven transnational zusammenarbeiten, warum ist dann eine solche Kooperation bei anderen Körperschaften so selten anzutreffen? Warum vereinen sich nicht Gerichte, Parlamente, Kommunen oder Regionen zu Droh- und Störpotenzialen?

Gerichte

Die Gegenfrage lautet selbstverständlich sofort: Sollen nationale Gerichte in ihrer politikfernen Unabhängigkeit überhaupt kooperieren?

Die Situation ist nicht ganz einfach. Es sind durchaus Streitfälle denkbar, in denen ein nationales Gericht sich mit Recht überfordert fühlen könnte oder tatsächlich nicht sachkundig genug ist. Die Paralleljustiz der Schiedsgerichte wurde durch Investitions- und Handelsabkommen ja gerade zu dem Zweck eingerichtet, wenigstens Wirtschaftsstreitsachen, die mehrere Länder berühren, den nationalen Gerichten zu entziehen. Die private Rechtsetzung, die von den transnationalen Regimen ausgeht, kann schon von Haus aus, da nicht umstandslos national »geltendes Recht«, kaum je Eingang in die Entscheidungen nationaler Gerichte finden; sie hat ihre angemessene Heimat in den Schiedsgerichten.

Unter gewissen Umständen hat diese Unmöglichkeit ja sogar ökonomische Vorteile. Angenommen, ein nationales Gericht wollte eine Ratingagentur für ein schlampiges Rating verurteilen, so könnte die Agentur sich danach weigern, einheimische Institutionen zu bewerten, oder gleich ihren Sitz in ein anderes Land verlegen, womit nichts gewonnen wäre. Ein anderes Beispiel: Die Justiz der USA hat alle Klagen gegen die US-amerikanische Union Carbide Corporation, die die Bhopal-Katastrophe verursacht hatte, abgewiesen.[150] Eine Erklärung liegt nicht fern: Nationale Gerichte sehen sich nicht als geborene Hüter des globalen Wirtschaftsrechts.

Der Zustand wird zunehmend als unbefriedigend empfunden. Die Gerichte sehen sich häufiger als früher mit transnationalen Streitfällen konfrontiert. Seit dem Jahr 2000 wächst deshalb die Bereitschaft der nationalen Gerichte, über Ländergrenzen hinweg miteinander zu kooperieren. Die Zusammenarbeit ist sicher noch in einem Anfangsstadium; sie sieht es aber als ihre Aufgabe an, mittel- oder langfristig die Wucherungen der privaten Schiedsgerichte einzuschränken.

Bewertung: Hier liegt also in der Tat eine Möglichkeit bereit, gegen die private Rechtsetzung der transnationalen Regime eine »gemeinsame Front«[151] aufzubauen.

Parlamente

Anders als Gerichte sind Parlamente schon seit langer Zeit einer Zusammenarbeit mit anderen Parlamenten nicht abgeneigt.

Neben den zahlreichen bilateralen Organisationen für die Begegnung zwischen Abgeordneten zweier nationaler Parlamente[152] findet man eine große Zahl regionaler Organisationen, die innerhalb ihrer Aktivitäten Kontakte zwischen den Parlamenten mehrerer Länder ermöglichen. Da gibt es zum Beispiel die »Parlamentarische Versammlung der NATO«, die u. a. die Arbeit der NATO »begleitet« und die transatlantische Solidarität stärken soll. Der Bundestag benennt und entsendet in die dortigen Ausschüsse zwölf Abgeordnete.

Ähnlich ist auch die Präsenz deutscher Abgeordneter in der »Parlamentarischen Versammlung des Europarats« (eine Delegation aus 18 Abgeordneten), bei der OSZE (13 Abgeordnete), in der Union für den Mittelmeerraum (3 Abgeordnete), in der Schwarzmeerwirtschaftskooperation (12 Parlamente, mindestens 4 Abgeordnete je Land) und einigen anderen. Außerdem treffen sich die Präsidentinnen und Präsidenten nationaler Parlamente in unterschiedlichen Formaten regelmäßig zu Parlamentspräsidentenkonferenzen. All diese Versammlungen sind keine politischen Organe und dienen nicht der Beschlussfassung, wohl aber dem Erfahrungsaustausch und der Diskussion spezifischer Fachthemen. Auch eine humanitäre Funktion haben manche dieser Treffen, indem sich etwa die Abgeordneten für ihre bedrängten Kollegen in anderen Ländern einsetzen.

Eine unter mehreren Aspekten besondere Versammlung ist die Interparlamentarische Union (IPU).

Die IPU wurde schon 1889 in Paris gegründet, ihr Sitz wechselte, seit 1932 ist er in Genf. Auch wenn die IPU mit vollem Namen »Interparlamentarische Union für internationale Schiedsgerichtsbarkeit« hieß, so hatte sie doch eine gute politische Gründungsberechtigung: Sie sollte künftige Kriege durch die friedliche Beilegung der Konflikte ersetzen. Das ist zwar nicht gelungen, aber seit 1974 besitzt die IPU Konsultativstatus beim Wirtschafts- und Sozialrat der Vereinten Nationen und seit 2002 Beobachterstatus bei deren Generalversammlung. Mitglieder der IPU sind nicht einzelne Abgeordnete, sondern Parlamente (heute: aus 170 Ländern; das EU-Parlament ist eines von zwölf Assoziativen Mitgliedern). Die Treffen der IPU sind meist von über tausend Personen besucht (Lusaka/Sambia 2016: 1227 Personen, davon 634 Abgeordnete aus 126 Ländern).[153] Bemerkenswerterweise gibt es jedoch Bundestagsabgeordnete, die noch nie von der IPU gehört haben.

Die Tagesordnung des IPU-Treffens in Lusaka enthielt neben einigen anderen Diskussionen eine »Allgemeine Aussprache zum Thema ›Die Verjüngung der Demokratie: Jungen Menschen eine Stimme geben‹« sowie zum Thema der 230 Millionen Kinder ohne rechtlichen Status; und zwei Entschließungen (zur Terrorismusbekämpfung und zum Schutz des Kulturerbes der Menschheit).

Die Bedeutung der Themen ist nicht zu bestreiten. Die IPU kann zwar, erwartungsgemäß, ein bestimmtes politisches Handeln nicht anordnen, hat aber doch im Rahmen ihrer indirekten Einflussmöglichkeiten einen gewissen Überzeugungsspielraum und bemerkenswerte Aufmerksamkeit, ja Attraktivität (so hat das russische Parlament für die Herbsttagung 2017 St. Petersburg vorgeschlagen).

Umso bedauerlicher ist das Fehlen jeglicher Thematik, die nicht zum allgemein anerkannten Mainstream des »Westens« gehört; man muss sogar feststellen, dass in der IPU Wirtschaftsfragen überhaupt nicht auf die Tagesordnung kommen. Dabei erkennen selbst konservative Befürworter der IPU an, dass die Parlamentarier bei der schwindenden Bedeutung der Parlamente sich international zu »neuen Kontrollgremien« entwickeln sollten, mit dem Ziel einer »besseren demokratischen Überwachung« der Exekutive.[154]

Bewertung: So wie die Dinge derzeit liegen, ist von den Parlamentskooperationen kein Widerspruch gegen eine wuchernde Globalisierung oder die transnationalen Regime zu erwarten, im Gegenteil. Speziell die zahlenmäßig bedeutsame IPU ist ohne große Polemik als Unterstützerorganisation westlicher Regierungen anzusehen, notfalls auch als Pannenhilfe (»backchannel«) und im schlimmsten Fall als dienstbereites Weltreisebüro.

Kommunen

So gut organisiert wie kaum andere Körperschaften sind die Städte und Gemeinden, und zwar weltweit. Es kommt diesen Zusammenschlüssen der kürzere Weg, der kleinere Machtabstand zugute zwischen Exekutive und Legislative, hier: etwa zwischen Bürgermeister und Stadt- bzw. Gemeinderat. Gemeinsamkeiten stellen sich dadurch leichter ein, dass die zu lösenden Probleme vor der Rathaustür liegen. Hilfreich für ein gemeinsames Auftreten ist in fast allen Fällen, dass sich ein Bürgermeister selten so sehr über den Gemeinderat erheben kann, dass sich dieser völlig entmachtet fühlen muss.

Der Bürgermeister kann, will er erfolgreich sein, nur bürgernah handeln.

Die deutschen Vertreter dieser lokalen Gebietskörperschaften treten zu viert auf: Es sind der Deutsche Städtetag, der Deutsche Städte- und Gemeindebund, der Rat der Gemeinden und Regionen Europas / Deutsche Sektion (RGRE, engl. CEMR) und der Deutsche Landkreistag. Alle vier sind, wie zum Teil ersichtlich, Mitglieder im RGRE. Der RGRE wiederum ist Mitglied im Verband United Cities and Local Governments« (UCLG). Entstanden ist der UCLG 2004 aus der Vereinigung kleinerer Verbände wie der International Union of Local Authorities (IULA, gegr. 1913), United Towns Organisation (UTO, gegr. 1957), Metropolis (World Association of Major Metropolises) und der World Federation of United Cities (WFUC). Mitglieder im UCLG sind heute international mehr als tausend Städte und 120 Verbände, die in sieben regionale Sektionen eingeteilt sind.

Die Aktivität des UCLG ist nicht ein zahnloser Austausch unverbindlicher Meinungen, sondern erklärtermaßen politisch. Er setzt sich weltweit ein für die Stärkung der »demokratischen lokalen Selbstverwaltung«. Allein diese Zielsetzung bringt den UCLG in einen scharfen Gegensatz zu global vereinbarten Regulierungen und transnationalen Regimen. Die EU versucht, sich gegen die Politik der kommunalen Autonomie dadurch zu immunisieren, dass sie den UCLG zu einer Lobbyistengruppe macht, die sich gefälligst als solche registrieren müsse. Dagegen kann der UCLG nur laut widersprechen und auf die demokratische Begründung seiner Forderungen hinweisen. Die Bezeichnung als Lobby ist allein dadurch absurd, dass die Mitglieder des UCLG ja ausschließlich gewählte Bürgermeister und Gemeinderäte sind.

Darüber hinaus bleibt er satzungsgemäß seiner Verteidigung der kommunalen Selbstverwaltung verpflichtet. Die Europa-Sektion zum Beispiel verlangt immer wieder, obwohl bisher vergeblich, eine echte Einschätzung der Effekte der sogenannten »Better Regulation« der EU in lokalen und regionalen Körperschaften. Allgemein tritt der Verband unter dem Stichwort »Good Local Governance« für eine dezentralisierte, finanzkräftige lokale Demokratie ein. Bezüglich der TTIP-Verhandlungen forderte die Europäische Sektion des Verbandes, dass die lokale Autonomie in keinem Fall durch eventuelle USA-EU-Vereinbarungen unterlaufen werden dürfe. Hier ist überhaupt hohe Wachsamkeit geboten, da mindestens 70 Prozent der von der EU beschlossenen Regelungen und Vereinbarungen direkt oder indirekt eine Beschränkung der kommunalen Selbstverwaltung bewirken.

Bewertung: Es stehen also, aufs Ganze gesehen, einige Instrumente bereit, staatlichen Exekutiven und ihrem Zusammenspiel mit globalen Wirtschaftsverbänden mit einem gewissen Nachdruck gemeinsam entgegenzutreten. Für Gerichte bestehen dabei ihrer Unabhängigkeit gemäß bestimmte Schwierigkeiten (das müsste sie jedoch nicht an einem weltweit organisierten Informationsaustausch hindern). Bei den Parlamenten und ihrer Neigung, sich international zu verbünden, ist ein nicht geringer Zweifel erlaubt; schließlich sind sie heute fast überall eher die Stütze als der Controller ihrer Regierung. Bei den Kommunen jedoch, die ja ein lebhaftes und aktives Interesse an einem Fortbestand ihrer demokratischen Autonomie haben, liegen die Dinge ganz anders. Und sie sind ja auch bereits politisch tätig, wenn sie die bewährte Selbstverwaltung in Gefahr sehen; es käme jetzt nur noch darauf an, dass sie sich diese Wahrnehmung nicht von Handelsverträgen einschläfern lassen, sondern sich einen wachen Sinn auch für subtilere Gefährdungen wie die transnationalen Regime erhalten.

Über das geltende Recht hinaus

Man muss jetzt nicht gleich über ein Widerstandsrecht nachdenken. Die Dinge liegen ja auch um einiges unklarer vor uns als zur Zeit der »Monarchomachen« (der »Monarchen-» oder »Tyrannenbekämpfer« des 16. Jahrhunderts). Nur wenig überspitzt könnte man sagen: Die Demokratie ist nicht einmal bedroht, sie wird in kleinen Schritten stillschweigend umgangen. Andererseits ist jedoch ein gewisses Widerstandsrecht im Grundgesetz der Bundesrepublik Deutschland niedergelegt. Auch wenn dieses Recht nur unter sehr eng definierten Umständen in Anspruch genommen werden kann, muss das aber nicht das Ende des Nachdenkens bedeuten.

Es wird sicher von niemandem bestritten, dass die Loyalität der Staatsbürger sich auch von einer zweifellos legalen Regierungsmacht abwenden kann und ihr die Legitimität mehr oder minder deutlich abspricht. Diese Haltung macht sich zu Beginn nur als diffuser Unmut bemerkbar, passiv als Wahlenthaltung, dann aber auch in Form aktiver Ablehnung wie etwa als ziviler Ungehorsam (zum Beispiel als Steuerstreik). Wo Untätigkeit zur »Mitschuld« wird, kann mithin Widerstand zur ethischen Pflicht werden (Wolfgang Huber, ›Gerechtigkeit und Recht‹, 1996). Aber auch dann haben gewaltlose Mittel immer Vorrang. Überlegungen dieser Art sind in der Bundesrepublik Deutschland kaum umstritten.

Eine rechtlich noch inoffensive Form eines sozusagen ökonomischen Ungehorsams besteht in einer wirtschaftspolitischen Mischung aus orthodoxen Rezepten und »lokalen Häresien«.[155] Mithilfe dieser attraktiven Formulierung vergleicht Dani Rodrik das anti-neoliberalistische Modell Vietnam (unorthodox, häretisch, wirtschaftlich erfolgreich) mit dem faktisch WTO-regierten Haiti (orthodox, gescheitert).

Das Lob für das Modell Vietnam ist sozusagen bloß wirtschaftstheoretischer Ungehorsam. Der Faden lässt sich aber weiterspinnen. Was wäre, wenn ein Land aus einem supranational geschlossenen Vertrag aussteigen möchte?

Im Blick auf die Europa-Verträge und den Brexit tauchte dazu im Herbst 2016 ein bemerkenswerter Vorschlag auf. In einem Zeitungsartikel[156] wurde von drei namhaften Autoren empfohlen, dem Drang zur Einheitlichkeit zu »trotzen«, indem »einzelne Regierungen die Anwendung [europäischer Gesetze] auf das eigene Land durch ein formelles Opt-out ausschließen können«. Ohnehin sei die einheitliche Geltung des europäischen Rechts in der Praxis schon länger »durchbrochen«. Wir fügen hinzu: Ein solches – möglicherweise auch nur zeitweises – Opt-out würde dann einer Entscheidung wie dem Brexit oder einem griechischen Austritt aus der Eurozone ihren Schrecken nehmen und innovative Lösungen anregen. Ein Opt-out wäre sozusagen eine legale Häresie, eine geregelte Verweigerung.

Noch weiter ginge die auf den ersten Blick verblüffende Anregung, auch in heutigen Demokratien ein modernes Tribunat einzurichten. Der Vorschlag steht schon dem Namen nach in schlechtem Ansehen (insbesondere in der Qualifizierung »Volkstribun«, die im politischen Kampf als »Populismus«-Vorwurf Verwendung findet). Aber in einer Epoche der laufenden Machterweiterung der Exekutive und der selbst verschuldeten Bedeutungsminderung des Parlaments funktionieren die »checks and balances« zwischen den Staatsorganen nicht mehr wie an ihrem Ursprung. In dieser Konstellation liegt es nahe, über neue Formen der Machtbeschränkung nachzudenken, und das heißt auch: über neue staatsrechtliche Organe.

Das Tribunat der jungen römischen Republik war mit zwei

Personen besetzt, die jede Maßnahme des Patriziats (der Regierung) durch ein gemeinsames »Veto« (»Ich verbiete«) unwirksam machen konnten. Das Tribunat war eine Einrichtung der römischen Bürgerschaft (der *plebs*). Die Tribune wurden vom Volk gewählt; ihre Haustür musste immer unverschlossen bleiben, sie mussten Tag und Nacht erreichbar sein, und die Sicherheit ihrer Person war unverletzlich. Ihr Vetorecht war so wirksam, dass sogar die späteren Kaiser zwar die Tribune abschafften, die tribunizische Gewalt aber selbst übernahmen.

Eine ähnliche Einrichtung ließe sich auch in einer modernen Staatsverfassung denken. Um hier einem möglichen Erschrecken vorzubeugen, muss man sich nur vor Augen führen, dass auch Deutschland schon seit einiger Zeit Staatsorgane kennt, die gegen ein vom Parlament beschlossenes Gesetz ihr Veto einlegen können. Da ist einerseits der Bundespräsident, der erst nach einer eigenen Prüfung auf Verfassungsmäßigkeit ein Gesetz ausfertigen darf, und andererseits der Bundesrat, der bei bundesländerrelevanten Gesetzen seine Zustimmung verweigern kann (die Vetogegner nennen das dann »Blockade«).[157]

In einer ersten Grobskizze: Ein modernes Tribunat hätte, anders als diese Organe, die Aufgabe, die vernünftige Ablehnung einer Regierungsmaßnahme durch die Bevölkerung (bzw. die allgemeine politische Akzeptanz) zu prüfen und dementsprechend das gemeinsame Veto auszusprechen (oder nicht). Die Tribune würden selbstverständlich direkt gewählt (am liebsten ohne Wahlkampf); die Kandidaten würden von keiner Partei oder einer anderen gesellschaftlichen Gruppe, schon gar nicht von irgendeinem Proporz nominiert. Die Angst vor einem Amtsmissbrauch bräuchte nicht höher zu sein als bei anderen Wahlämtern: Man kann das Amt als nicht-honoriertes Ehrenamt einrichten, die Amtsdauer auf sehr kurze Zeit (etwa ein Jahr) begrenzen, ebenso Altersbeschränkungen (älter als 65 Jahre) einführen und womögliche Abhängigkeiten (Angestelltenstatus) ausschalten. Auf diese Weise könnte wieder ein erforderliches Gegengewicht in einer tatsächlichen Gewaltenteilung zustande kommen.

Leichtfertig von der Hand zu weisen ist der Gedanke sicher nicht. Wenn er als »Utopie« bzw. als »Vision« qualifiziert wird, sagt das mehr über den Sprecher aus als über die Sache.

Ein weiterer und heute sofort zu erwartender Einwand wiegt sachlich schwerer: Die hier skizzierten Kooperationen, Häresien, Verweigerungen und Vetorechte mindern die Effizienz nicht nur der Regierungsarbeit, sondern vor allem der wirtschaftlichen Betätigung. Sie sind gewissermaßen ein Handelshindernis.

Dazu nur so viel: Genau diese Wirkung ist gewollt.

Angesichts der Machtlosigkeit der Parlamente können einer Exekutive, die Arm in Arm mit den Wirtschaftsverbänden die Bevölkerung nur noch ruhig hält, um möglichst ungestört vor sich hin arbeiten und produzieren zu können, solche Gegengewichte demokratisch nur guttun. Die Effizienz der Wirtschaft muss zurückstehen, normativen Vorrang hat die effektive Demokratie. Die skizzierten Hemmnisse sind den neuen Umständen angemessene neue Kontrollinstrumente, neue »checks and balances«. Sie sind eine Zurückweisung des verlogenen Dogmas »Was gut für die Wirtschaft ist, ist auch gut für die Menschen«. Das Versprechen war eine Zeit lang nach dem Zweiten Weltkrieg vielleicht noch gültig. Heute ist es hohl: Die Liegengelassenen, die Verlierer, die Bedürftigen, für die das alles gut sein soll (heißt es), müssten Geduld haben, irgendwann kämen die Segnungen aus dem politisch-industriellen Komplex auch zu ihnen; währenddessen geht der Abstand zwischen Regierten und Regierenden – wie die viel zitierte Schere zwischen Arm und Reich – halt weiter auf.

Kaum zugespitzt kann man heute festhalten: Die Wohlfahrt der Wirtschaft richtet sich gegen die Würde des Menschen. Aber das ersehnte gute Leben (in seinem starken philosophischen Sinn) wird den Menschen nicht im Rausch der Wohlstandsmehrung geschenkt, sondern eher in der »glücklichen Nüchternheit« einer global gerechten Selbstbeschränkung.[158]

Aber das ist nun wirklich eine andere Geschichte.

Epilog

Wenn nichts mehr hilft

Die starken Bedingungen für politisches Handeln sind nicht von vornherein gegeben. Wenn sie sich als zu schwach erweisen, wenn mithin alles Getane erfolglos scheint, bleibt dem Souverän immer noch ein Weg: der Exodus aus dem Geschehen. Er wird allerdings nur von unerschrockenen Denkern erwogen.[159] Das Beispiel, das ihnen manchmal vorschwebt, ist der Auszug des Volkes von Rom aus der Stadt (im Jahr 494 v. Chr.), auf einen vor der Stadtmauer gelegenen Hügel, der seitdem »der heilige Berg« hieß (*mons sacer*):

»Die nächste Krise ging nicht von den ständisch Zurückgesetzten aus, sondern von der notleidenden Bauernschaft. Die zurechtgemachten Annalen setzen die politische Revolution in das Jahr 244, die soziale in die Jahre 259 und 260; sie scheinen allerdings sich rasch gefolgt zu sein, doch ist der Zwischenraum wahrscheinlich länger gewesen. Die strenge Übung des Schuldrechts – so lautet die Erzählung – erregte die Erbitterung der ganzen Bauerschaft. Als im Jahre 259 für einen gefahrvollen Krieg die Aushebung veranstaltet ward, weigerte sich die pflichtige Mannschaft dem Gebot zu folgen. Wie da-

rauf der Konsul Publius Servilius die Anwendung der Schuld-
gesetze vorläufig suspendierte und sowohl die schon in Schuld-
haft sitzenden Leute zu entlassen befahl als auch den weiteren
Lauf der Verhaftungen hemmte, stellten die Bauern sich und
halfen den Sieg erfechten. Heimgekehrt vom Schlachtfeld
brachte der Friede, den sie erstritten hatten, ihnen ihren Ker-
ker und ihre Ketten wieder; mit erbarmungsloser Strenge
wandte der zweite Konsul Appius Claudius die Kreditgesetze
an und der Kollege, den seine früheren Soldaten um Hilfe an-
riefen, wagte nicht, sich zu widersetzen. Es schien, als sei die
Kollegialität nicht zum Schutz des Volkes eingeführt, sondern
zur Erleichterung des Treubruchs und der Despotie; indes
man litt was nicht zu ändern war. Als aber im folgenden Jahr
sich der Krieg erneuerte, galt das Wort des Konsuls nicht mehr.
Erst dem ernannten Diktator Manius Valerius fügten sich
die Bauern, teils aus Scheu vor der höheren Amtsgewalt, teils
im Vertrauen auf seinen populären Sinn – die Valerier waren
eines jener alten Adelsgeschlechter, denen das Regiment ein
Recht und eine Ehre, nicht eine Pfründe dünkte. Der Sieg war
wieder bei den römischen Feldzeichen; aber als die Sieger
heimkamen und der Diktator seine Reformvorschläge dem
Senat vorlegte, scheiterten sie an dem hartnäckigen Widerstand des Senats. Noch stand das Heer beisammen, wie üblich
vor den Toren der Stadt; als die Nachricht hinauskam, entlud
sich das lange drohende Gewitter – der Korpsgeist und die geschlossene militärische Organisation rissen auch die Verzagten
und Gleichgültigen mit fort. Das Heer verließ den Feldherrn
und seine Lagerstatt und zog, geführt von den Legionskom-
mandanten, den wenigstens großenteils plebejischen Kriegstri-
bunen, in militärischer Ordnung in die Gegend von Crustume-
ria zwischen Tiber und Anio, wo es einen Hügel besetzte und
Miene machte, in diesem fruchtbarsten Teil des römischen

Stadtgebiets eine neue Plebejerstadt zu gründen. Dieser Abmarsch tat selbst den hartnäckigsten Pressern auf eine handgreifliche Art dar, dass ein solcher Bürgerkrieg auch mit ihrem ökonomischen Ruin enden müsse; der Senat gab nach. Der Diktator vermittelte das Verträgnis; die Bürger kehrten zurück in die Stadtmauern; die äußerliche Einheit ward wiederhergestellt. Das Volk nannte den Manius Valerius seitdem ›den Großen‹ (maximus) und den Berg jenseits des Anio ›den heiligen‹. Wohl lag etwas Gewaltiges und Erhebendes in dieser ohne feste Leitung unter den zufällig gegebenen Feldherren von der Menge selbst begonnenen und ohne Blutvergießen durchgeführten Revolution, und gern und stolz erinnerten sich ihrer die Bürger. Empfunden wurden ihre Folgen durch viele Jahrhunderte; ihr entsprang das Volkstribunat.«[160]

Es gibt in unseren Demokratien ein Unmutsgefühl, das sich in verschiedener Weise manifestiert. Ausdruck dessen sind sowohl Bewegungen wie die Antiglobalisierungsbewegung, die Occupy-Bewegung, die Idee des bedingungslosen Grundeinkommens als auch die wachsende Unterstützung für rechtspopulistische Parteien. Um dieses Unmutsgefühl in die richtigen Bahnen zu lenken, sollten wir als Bürger uns einmischen, uns engagieren. Und die Politik sollte selbstbewusst ihren Primat vor der Wirtschaft einfordern. Das wäre der Anfang.

Wie eine so unblutige Revolution aussehen könnte, wenn sie sich nicht nur in einer Stadt ergibt und kein »heiliger Berg« vor den Mauern liegt, wird sich beizeiten herausstellen. Doch auch wenn diese Idee utopisch klingen mag, ist es nicht undenkbar, dass sich aus der Ablehnung dieses Handelns ein Ausstieg ergibt. Die Ausrichtung der Welt an den wirtschaftlichen Interessen von Konzernen und Branchen stellt nicht das Ende der Geschichte dar.

Anmerkungen

1 *Briefing: The impact of* G20 *on* EU *trade policy* (Januar 2016; http://www.europarl.europa.eu/RegData/etudes/BRIE/2016/570457/EXPO_BRI(2016)570457_EN.pdf

2 Die *Süddeutsche Zeitung*, auf der Suche nach Schutz vor allerhand Populismus, (6. Dezember 2016, S. 17) nennt die G20 kurzerhand ein »Entscheidungsgremium«, entstanden aus den »G-7-Kamingesprächen«.

3 Cassese 2008, S. XIX; eig. Übs.

4 Siehe zum Folgenden Rasolt 1991 und Watner 2005 (auch Rosanvallon 2006, S. 129 f.).

5 Sogar in der Fachliteratur hat diese Auffassung bereits einen subtilen Spötter gefunden: »Das grundlegende Paradigma, die zentrale Annahme, die entscheidende Struktur, die das Denken der meisten Anwälte, Richter und Rechtsgelehrten, wenn nicht der meisten Menschen dominiert, ist Folgendes: Recht ist etwas Formales, es existiert als ein Ding für sich außerhalb der Gesellschaft, der Politik und der Wirtschaft; Recht hat die Fähigkeit, Ergebnisse zu erzielen, und. es erzielt sie, indem es Verhaltensweisen verstärkt oder abschreckt, und indem es bestimmte Verhaltensweisen mit Konsequenzen verknüpft, die diese erleichtern, verhindern oder deren schädliche Wirkungen aufheben; das Recht wird vom Staat gemacht und verwaltet; der Zugang zum Recht wird in Gerichten von Berufsjuristen – Anwälten und Richtern – ermöglicht, die ein autoritatives Wissen aufrufen, um Fälle zu diskutieren und zu entscheiden. (...) Wenn das Recht aufgerufen ist, wird die Macht des Staates aktiviert, um den Zweck des Rechts zu erreichen: Die

geschädigte Streitpartei wird entschädigt, der Mörder kommt ins Gefängnis.« (Harry Arthurs, zit. nach Zumbansen 2012, S. 9; eig. Übs.).

6 »Zuvor [vor 2005] hatten immer neue von der Kommission in Auftrag gegebene Umfragen das immer gleiche Stimmungsbild erbracht, nämlich eine gleichgültige bis ablehnende Haltung der Unionsbürger gegenüber der EU. Während einerseite an einer ›Verfassung‹ gearbeitet wird, zeichnet sich die Union andererseits durch ein unübersehbares Defizit sozialer Legitimation aus.« (Haltern 2007, S. 105).

7 Hirsch 2014, S. 49. Ebenso im Entwurf des Armuts- und Reichtumsberichts der Bundesregierung 2017 (http://www.jjahnke.net/wb/rundbr3579-n.pdf), dazu Joachim Jahnke: »In den 80er Jahren, so Nahles, hätten sich gleichmäßig durch alle Einkommensschichten rund acht bis zehn Prozent der Wahl enthalten. Heute enthielten sich bei den Gutverdienern immer noch sieben bis acht Prozent der Stimme, am unteren Ende der Einkommensskala seien es jedoch bis zu 40%.« Vgl. auch Reif-Spirek 2016, auch Haußner 2017 (»soziale Schieflage in der Wahlbeteiligung«). Ähnlich Bauman 2000: Wir erhalten »Untertanen«, die sich nicht mehr über den politischen Staat oder die staatliche Politik aufregen, da sie von ihr weder Verdammung noch Erlösung erwarten – und deshalb (...) auch keinen Grund sehen, über den Sinn ihres Allgemeinwohls nachzudenken, geschweige denn, ihn zu diskutieren, zu bestreiten oder aktiv erlangen zu wollen.« (S. 221).

8 Hirsch 2014, S. 49.

9 Scholz 2013.

10 Schumpeter 1972, S. 453.

11 Schumpeter 1972, S. 429.

12 Schumpeter 1972, S. 449.

13 Dazu ausgesprochen skeptisch Tormay 2015: »Welches Schicksal erwartet also die Massenparteien? Der Abstieg, wie es scheint, bis sie zum welken Imitat der großen Organisationen geworden sind, die sie einst waren. Was bleibt, so stellen politische Beobachter oft fest, sind postideologische ›Marken‹ mit vagen Konnotationen, mit denen sie sich von anderen Angeboten im politischen Supermarkt ein wenig abheben. Wie jede Marke, die Marktanteile erobern möchte, versprechen sie eifrig ›einen Neuanfang‹, ›echte Veränderung‹, ›Verän-

derung, die überzeugt‹, ganz ähnlich wie Waschpulver immer mit einer ›neuen verbesserten Formel‹ beworben wird. (...) Hätten wir lieber den grinsenden Anzugträger in der roten Ecke oder den grinsenden Anzugträger in der blauen Ecke?« (S. 135 f.).

14 Grimm 2009, S. 121 f.

15 Hirsch 2014, S. 49.

16 Grimm 2009, S. 122.

17 Jeder »Armuts- und Reichtumsbericht« der Berliner Bundesregierung beweist, dass diese ständig wiederholte Behauptung jedes Mal eine flagrante Lüge ist: Immer offener wird die »Schere«, immer breiter wird »die Kluft zwischen Arm und Reich« im Land des Vize-Exportweltmeisters.

18 Im englischen Originaltext vollständig: »international bodies or fora in which both Parties' regulators and competent authorities at central level participate, including as observers, and which provide requirements or related procedures, recommendations or guidelines on the supply or use of a service, such as for example authorization, licensing, qualification or on characteristics or related production methods, presentation or use of a product« (EU-KOM 2015). Die gesamte Definition wurde in der jüngeren Version des Text-Vorschlags (21. März 2016) gestrichen, das dort nun aber verwaiste »bodies or fora« blieb allein zurück.

  Bei dieser Definition bleiben ausgeschlossen »Befürwortergruppen« (»advocacy groups«, etwa der »Forest Stewardship Council« oder das »Global Forum on Transparency and Exchange of Information«), ebenso alle Wirtschaftsethik-Kommissionen, Lobby-Organisationen, Nicht-Regierungsorganisationen und vergleichbare Interessenvertretungen, desgleichen alle Organisationen für technische Normierungen, etwa die Internationale Organisation für Normung, (ISO). Erfasst werden also nur Akteure, die unmittelbar für die Waren bzw. Dienstleistungen in ihrem jeweiligen Produktionsbereich Regulierungen (Regeln, Standards, rechtliche Normen, Praktiken) vereinbaren können.

19 Ausführliche Beschreibung der Entwicklung der ICANN bei Spindler 2014.

20 Ohler 2007, S. 263.

21 Die letzte bekannt gewordene Untersuchung mit dem Titel »Deutsche Ministerien als Akteure von Global Governance« bei 28 Orga-

nisationen, darunter dem Pariser Club (siehe hier Kapitel 4) oder dem G7/G8-Gipfel, stammt aus dem Jahr 2001; die Analyse wurde von den Autoren nicht weitergeführt oder aktualisiert (Eberlei 2001).

22 Vgl. grundsätzlich zur »Vorprägung« durch private »Expertengruppen« auch Broß 2015b (im Zusammenhang mit TTIP): »Die rechtsstaatliche Demokratie diesseits und jenseits des Atlantiks ist in ihren Grundlinien vergleichbar, aber nicht identisch. Im Hinblick darauf verbieten sich die geplante regulatorische Zusammenarbeit und die Vorprägung der Gesetzgebung durch gemischte ›Expertengruppen‹ der Vertragsstaaten solcher Freihandelsabkommen.« (S. 14).

23 Cutler 2002, S. 30 f.

24 Die »informellen Verhandlungen« zwischen Regierung und Wirtschaft werden »verdächtigt« und »verbreitet als ein Verlassen der Vorschriften der repräsentativen Demokratie gesehen« (eig. Übs.), Sabel 2010, S. 2.

25 Radbruch 1958, S. 112 ff.

26 Der Staat erscheint nur noch »als gleichberechtigter Mitspieler, der keine privilegierte Rolle besitzt, sondern sich in Aushandlungsprozessen in Netzwerken beteiligt, in denen eine Vielzahl von steuernden Akteuren agieren, die jeweils eigene Interessen verfolgen und strategisch miteinander agieren«. (Weyer 2010, S. 849).

27 Ohler 2007, S. 262.

28 Willke 2003, S. 227.

29 Sven Giegold, vgl. EP 2016.

30 Laut dem Annual Report der CDISC 2014, S. 20, »The CDISC Members« (abrufbar unter http://www.cdisc.org/system/files/all/CDISC_AR_2014_webB.pdf), war unter etwa 400 privaten Pharma-, Biotechnologie- und Beratungsunternehmen und deren Verbänden aus aller Welt auch die EMA Mitglied, die Europäische Arzneimittel-Agentur. Auf Nachfrage teilte die EMA mit, diese Listung sei nur temporär gewesen und habe lediglich »wiedergeben« (»reflect«) sollen, dass die EMA »zeitweilig Zugang« zu den internen Seiten der CDISC-Website gehabt habe. – Weiterhin war oder ist die EMA u. a. Mitglied folgender »bodies«: International Accreditation Forum (IAF), European Risk Management Strategy (ERMS), Transatlantic Task Force on Antimicrobial Resistance (TATFAR) und International Coalition of Medicines Regulatory Authorities (ICMRA).

31 »In einem genau geregelten Verfahren ist vorgesehen, welche Prüf-schritte durch die Agentur vorgenommen werden und unter welchen Umständen die Kommission beim Erlass der nach außen wirksamen Entscheidung von dem Gutachten der Agentur abweichen darf oder nicht. Obwohl die Agentur [EMA] nicht ausdrücklich mit Rechtsetzungsaufgaben betraut ist, ist sie jedoch für die Erstellung von technischen, wissenschaftlichen Leitlinien sowie Verfahrensordnungen für die Umsetzung des EU-Rechtsrahmens für pharmazeutische Produkte verantwortlich. Diese Leitlinien sind zwar *per se* nicht rechtsverbindlich, ihnen kann aber *de facto* eine solche Wirkung zukommen, wenn in anderen Rechtsakten auf sie als Standards für die Umsetzung des EU-RECHTS verwiesen wird.« (Hofmann 2012, S. 126 ff.).

32 Der Staatsrechtler Dieter Grimm diagnostiziert global »Allgemeine Entparlamentarisierungs-Tendenzen«: Grimm 2016, S. 183 ff.

33 Hier verweisen alle einschlägigen Untersuchungen immer wieder auf Philip Caryl Jessup (Transnational Law, 1956), der den Begriff »transnational« – insbesondere für das Wirtschaftsrecht – geprägt hat.

34 Beispielsweise Cutler 2002, S. 31 f.

35 Kulischer 1971, Band I, S. 285 f.

36 Dasser 2008, S. 136 f.

37 Christian von Bar, Internationales Privatrecht, Bd. I, § 2. Zit. nach Dasser 2008, S. 138.

38 Siegfried Broß spricht im Zusammenhang mit Handelsabkommen sogar von der Entstehung einer ganzen »Parallelwelt«, die die demokratischen Ordnungen der Vertragsstaaten aushöhlt (Broß 2017).

39 Was nur Angela Merkel offenbar nicht verstanden hat, als sie in der Abhöraffäre über die von Haus aus ortlosen, transnationalen Datenströme sagte: »Auf deutschem Boden muss deutsches Recht gelten.« Den »deutschen Boden« kennen abgeschöpfte Daten nicht.

40 Viellechner 2014, S. 71.

41 Callies 2014, S. 25 ff, S. 72.

42 Cutler 1999, S. 13 ff. mit ausführlichen Literaturangaben. – Der Plural des Wortes im deutschen Sprachgebrauch ist uneinheitlich; wir verwenden das Wort hier so: Singular »das Regime« (Aussprache zweisilbig), Plural: »die Regime« (Aussprache dreisilbig).

43 Hale 2011, S. 12.

44 Cutler 1999, S. 370.

45 Bogdandy 2004, S. 283 f.

46 Zit. nach Davis 2006, S. 232 ff.

47 Die, so der englische Titel, »Central Product Classification«, CPC, ist in der neuesten Version 2.1 unter http://unstats.un.org/unsd/cr/downloads/CPCv2.1_complete(PDF)_English.pdf abrufbar.

48 Habermas 1998 (Buchtitel).

49 So auch der Kommentar zum Minderheitsvotum im Solange-I-Urteil des Bundesverfassungsgericht (zit. nach Cremer 2014, S. 22): »Die von der Mehrheit des Senats vertretene Rechtsauffassung führt überdies zu unannehmbaren Ergebnissen. Wäre die Anwendbarkeit sekundären Gemeinschaftsrechts davon abhängig, daß es den Grundrechtsnormen einer nationalen Verfassung genügt, so könnte – da die Mitgliedstaaten Grundrechte in unterschiedlichem Ausmaß gewährleisten – der Fall eintreten, daß Rechtsvorschriften der Gemeinschaften in einigen Mitgliedstaaten anwendbar sind, in anderen nicht. Damit käme es gerade auf dem Gebiet des Gemeinschaftsrechts zur Rechtszersplitterung. Diese Möglichkeit eröffnen, heißt ein Stück europäischer Rechtseinheit preisgeben, den Bestand der Gemeinschaft gefährden und den Grundgedanken der europäischen Einigung verleugnen.«.

50 Dagegen und zum Folgenden: Callies 2014, S. 30 f.

51 »Reduktionistisch sind aber auch Erklärungen, die die Fragmentierung des Weltrechts auf ökonomische oder kulturelle Phänomene zurückzuführen suchen.« (Fischer-Lescano 2006, S. 23). Auch der Titel des Buches, »Regime-Kollisionen«, versucht, an Einheitlichkeit programmatisch zu retten, was noch zu retten ist. Zweifellos sind Kollisionen zwischen den dort beschriebenen Regimen (etwa dem transnationalen Strafrecht) einerseits und weiterbestehenden nationalen Rechtsordnungen nicht auszuschließen. Zwischen den von uns beschriebenen Regimen sind derartige Kollisionen oder deren rechtsetzende Bewältigung unüblich.

52 Callies 2014, S. 30 f.

53 Systematisch entwickelt in Beck 2002. Es gehe, sagt der Autor (S. 189), »wesentlich darum, neue Legitimationsquellen zu erschließen. Dies läßt sich durch zwei, in (...) gewisser Hinsicht widersprüchliche Grundstrategien erreichen:.

· zum einen durch eine *Neoliberalisierung des Staates,* das heißt eine ökonomische Selbsttransformation (...);.

· zum andern durch eine *Entstaatlichung des Rechts* und damit verbunden eine *Entstaatlichung von Autorität,* um auf diese Weise neue Regeln und Quellen für Regeln zu erzeugen sowie legale Instrumente, die Verträge garantieren und Konfliktregulierung ermöglichen.

Das ist eine fundamentale Doppelstrategie: Ermächtigung und Entmächtigung greifen ineinander; Ermächtigung von Kapital, Entmächtigung von Staaten, Delegitimierung von Staaten, Selbstlegitimierung von Kapital.« (Kursiv im Original).

54 Habermas 1999, S. 431 f.

55 Cutler 1999, S. 19.

56 Rothmann 2012 (eig. Übs.).

57 Willke 2003, S. 8 (weitere: S. 104, 109, 325). Das Werk (»Heterotopia«) ist der letzte Band einer Trilogie; zuvor waren erschienen: »Atopia. Studien zur atopischen Gesellschaft« (2001) und »Dystopia. Studien zur Krisis des Wissens der modernen Gesellschaft« (2002).

58 Die folgende Darstellung ist notwendigerweise schematisch vereinfacht. Die im Umkreis des Basler Ausschusses in derselben Branche ebenfalls tätigen Gruppen, Vereinigungen, Gremien und Organisationen, mehrere Dutzend an der Zahl, sind lesbar nicht mehr darzustellen. Die Deutsche Bundesbank bietet auf ihrer Website ein »Glossary«, das (in englischer Sprache) Hunderte von Fachausdrücken und mindestens zweihundert Organisationen kurz erläutert. Man kommt sich vor wie in einem Schwarm Fledermäuse.

59 Auf einige weitere »bodies« im Finanzbereich können wir hier nur im Vorbeigehen hinweisen. Es gibt da nämlich u. a. seit 2001 auch das CESR (Committe of European Securities Regulators), seit 2003 das CEIOPS (Committee of European Insurance and Occupational Pension Supervisors), das seit 2011 EIOPA heißt (European Insurance and Occupational Pensions Authority), und seit 2004 das CEBS (Committee of European Banking Supervisors).

60 Al-Darwish 2011, S. 51 ff. Er befürchtet ebenfalls, dass Basel III den Regulierungsbedarf nicht vermindert, sondern aufgrund der Ausweichstrategien der Banken noch erhöht.

61 Argentinien, Australien, Belgien, Brasilien, China, Deutschland, Frankreich, Großbritannien, Hongkong, Indien, Indonesien, Italien, Japan, Kanada, Korea, Luxemburg, Mexiko, die Niederlande, Russland, Saudi-Arabien, Schweden, Schweiz, Singapur, Südafrika, Spanien, die Türkei und die USA.

62 Penikas 2015, alle Tabellen dort im Anhang.

63 Für eine ausführliche und kritische Analyse von Basel III: Peukert 2011, Kap. 9 (Die neuen Finanzmarktregulierungen).

64 Durch Basel III wurde die Eigenkapitalforderung immerhin von 8 auf 10,5 Prozent des Gesamtkapitals erhöht. *Finance Watch* berichtet (in: »Basel III in 5 Fragen«, Mai 2012) dass »eine Eigenkapitaldecke von 16% (...) in der jüngsten Krise die meisten Verluste individueller Banken absorbiert und 24% beinahe alle Verluste in sämtlichen Bankenkrisen seit 1988« hätte.

65 Cicero, 20. Mai 2012; http://www.cicero.de/kapital/wie-aus-der-finanz-eine-schuldenkrise-gemacht-wurde/49258

66 Lediglich die Vereinigung der Bayerischen Wirtschaft, d. h. ihr Geschäftsführer Bertram Brossardt, kritisierte am 8. Februar 2012 an einem »Parlamentarischen Abend in Brüssel« drohende höhere Kapitalbeschaffungskosten und die mangelnde Abstimmung mit anderen Regulierungspaketen.

67 *Süddeutsche Zeitung*, 26. Januar 2016, S. 23.

68 Governance for Growth. Building Consensus for the Future, A Report by David Cameron, for the 2011 G20 Summit in Cannes, S. 2.

69 So in: DG for Internal Policies [EU], The European Union's Role in International Economic Fora, Paper 5: The BCBS, S. 13; auch das Folgende stützt sich auf dieses Papier.

70 Die Umsetzung von Basel III in europäisches und nationales Recht, in: Deutsche Bundesbank, Monatsbericht, Juni 2013, S. 57–73.

71 Ohler 2007, S. 273.

72 EU: Europäische Kommission sowie die European Medicines Agency (EMA) und die European Federation of Pharmaceutical Industries and Associations (EFPMA); USA: Food and Drug Administration (FDA) und Pharmaceutical Research and Manufacturers of America (PhRMA); Japan: Ministry of Health, Labour and Welfare (MHLW) und Japan Pharmaceutical Manufacturers Association (JPMA); die drei Regionen beherrschten damals etwa 90 Prozent des Pharma-Weltmarktes. Sie sind die sogenannten Regulierungs-

mitglieder der ICH. Inzwischen gehören auch Kanada und die Schweiz zu den Regulierungsmitgliederm (sind aber nicht durch die Industrie, sondern nur durch ihre offiziellen Behörden vertreten: Health Products and Food Branch [HPFB] bzw. Swissmedic).

73 Vgl. Berman 2012a, S. 37.

74 Vgl. Berman 2011, S. 42.

75 Jena 2005.

76 Vgl. (auch zum Folgenden) Berman 2011, S. 42 f.

77 WHO Drug Information vol. 16, no. 3, 2002, S. 216 (http://apps.who.int/medicinedocs/pdf/s4951e/s4951e.pdf)

78 Knop 2015, S. 126.

79 Persönliche Mitteilung (Mail vom 29. Januar 2016).

80 Persönliche Mitteilung (Mail vom 5. Februar 2016, eig. Übs.).

81 EU-Kom 2016a, S. 56.

82 Zu den Risiken dieses »outsourcing« siehe Mendes 2012, S. 1014.

83 Essais, Erstes Buch, Nr. 42, »Über die zwischen uns bestehende Ungleichheit«.

84 Beck 2002, S. 263 f. – Erheblich skeptischer Bauman 2000: »Wie nun schon häufig betont, agieren die wirklichen Mächte von heute wesentlich exterritorial, während die Schauplätze politischen Handelns lokal bleiben – dieses Handeln ist also nicht imstande, die Viertel zu erreichen, in denen die Grenzen der Souveränität abgesteckt und die wesentlichen Prämissen politischer Unternehmungen, absichtlich oder nicht, bestimmt werden.« (S. 271).

85 So Callies 2014, S. 6, zu Philip C. Jessup, der schon 1956 den Begriff des »transnationalen Rechts« geprägt hatte.

86 Systematisch entwickelt in Scharpf 1970. – Zur neueren Diskussion: Scharpf 2004.

87 Neuerding scheint Scharpf diese Begriffskarriere auch mit kritischeren Augen zu sehen als noch 1970. In Scharpf 2004 legt er mehrere starke Bedingungen dar, die für ein gutes (demokratisches) Funktionieren der Output-Legitimation in einem Staat gegeben sein müssen. Bedingungen, die bei den transnationalen Regimen von vornherein und schon definitionsgemäß nicht möglich sind. Weitergehend in Scharpf 2014, S. 15: »(...) that implies [hinsichtlich der EU] a shift in normative perspective from the critique of output legitimacy to an emphasis on input legitimacy«.

88 Catil. I, 20 f.

89 EU-KOM 2016b, S. 8: »Die [TTIP-]Verhandler erfassten die neues-
ten Entwicklungen in der regulatorischen Zusammenarbeit bei
Generika im Rahmen des International Council for Harmonisation
(ICH) und des International Generic Drug Regulatory Programme
(IGDRF) und nahmen insbesondere die neuere, auf der ICH-Ver-
sammlung Juni 2016 gefasste Bestätigung zur Kenntnis, auf der
Ebene des ICH Leitlinien für die Harmonisierung der Biowaiver im
›Biopharmaceutica-Klassifizierungssystem‹ (BCS). Eine erste Exper-
tendiskussion zwischen der europäischen Medizin-Agentur [EMA]
und Food and Drug Administration der USA (CFDA] fand im Juni
2016 statt.« (Ein »Biowaiver« im Rahmen des Zulassungsvorgangs
ist der behördliche Verzicht auf eine Bioäquivalenzstudie, d. h. auf
die Untersuchung der therapeutischen Gleichwertigkeit verschiedener Medikamente.).

90 So schon 1979 René A. Rhinow (Rechtstheoretische Untersuchungen
zum gegenseitigen Verhältnis von Rechtsetzung und Rechtsanwen-
dung, Basel 1979, S. 249 f.; zit. nach Schuppert 2011, S. 126): »Wo
der Gesetzgeber auf Regelungsbedürfnisse nicht reagiert, sei es aus
Gründen mangelnden Problembewusstseins, der zeitlichen und
sachlichen Überforderung oder der Regelungsunfähigkeit bei ho-
hem Konfliktniveau, traten andere Organe an dessen Stelle, weil
eine Regelung eben getroffen werden muss (Entscheidungszwang)
oder vom Gesetzgeber ›toleriert‹ wird.«

91 Auch wenn die Rechtswissenschaft auf Probleme stößt, wenn sie
die »bodies« und deren informelle Standardsetzung rechtssystema-
tisch in »traditionelle« Kategorien einordnen möchte. So Schuppert
2011, S. 205.

92 Vgl. Schuppert 2011, S. 361 ff.

93 Siehe Glunk 2015b.

94 Die Entstehung dieses zustimmenden Schweigens zur vor allem
wirtschaftlich geprägten Europa-Politik, aber auch dessen Ende,
sind inzwischen recht genau untersucht bzw. angedeutet: »Als
›nützlicher theoretischer Interpretationsrahmen der Entwicklung
der öffentlichen Meinung zu Europa‹ wurde das Modell des ›Permissive Consensus‹ von Lindberg und Scheingold entwickelt. Lindberg und Scheingold vertraten die Ansicht, dass die Einstellungen
der Bürger in dem von ihnen untersuchten Zeitraum (Ende der
40er bis Ende der 60er) die Entwicklung der europäischen Integra-

tion nicht determiniert bzw. kaum beeinflusst haben und den Akteuren der Integrationspolitik sozusagen ›freie Hand‹ ließen. Ermöglicht wurde diese ›stillschweigende Zustimmung‹ vor allem dadurch, dass seitens der politischen Eliten kein besonderer Widerspruch zum Integrationsprozess laut wurde. ›Solange keine intensiven Kontroversen sichtbar wurden, übernahm auch eine bemerkenswert große und über die Jahre wachsende Mehrheit der Bevölkerung die zustimmende Überzeugung von der Wünschbarkeit und Nützlichkeit der europäischen Integration.‹ Dabei gaben die Bürger den Eliten ihr stilles Einverständnis, ohne weitreichende Kenntnisse über die EWG oder ein starkes Interesse am Integrationsprozess zu haben. Gefördert wurde der Permissive Consensus zudem durch den ökonomischen Fortschritt und wachsenden Wohlstand sowie durch die sicherheits- und friedensstiftende Wirkung der Europäischen Integration.

Scheingold und Lindberg deuteten aber schon damals an, dass der Permissive Consensus nicht unbedingt ein Dauerzustand sei.« (Laumen 2006, S. 5).

95 So Hasso Hofmann, Vom Wesen der Verfassung, Abschiedsvorlesung 2002, S. 14 (zit. nach Bremer 2004, S. 542).

96 Grimm 2009, S. 23 ff.

97 »Diese Geschichte verlief selten kontinuierlich und gleichförmig, sehr häufig in Sprüngen und kristallisiert um Ereignisse, durch die latent bereits vorhandene Tendenzen plötzlich deutlich ans Tageslicht traten. Solche Ereignisse waren, um nur einige markante Stationen zu nennen, der Wiener Kongress, die nach dem Ende des Ersten Weltkrieges geschlossenen Pariser Verträge, insbesondere der von Versailles mit der Gründung des Völkerbundes, die Gründung der UNO im Juni 1949 in San Francisco und schließlich die politisch-geographische Umgestaltung der Welt nach dem Ende des bipolaren Zeitalters und des Kalten Krieges nach 1989.« (Preuß 2007, S. 319).

98 Grimm 2009, S. 27.

99 Ebda., S. 95 f.

100 Ebda., S. 96.

101 Scharpf 1992, S. 94.

102 »Die Folge dieser sich immer weiter ausweitenden und verdichtenden transnationalen ›Interdependenz‹ in der ›Weltgesellschaft‹

der westlichen Industrieländer ist entweder ein aus der Konkurrenz der Nationalstaaten erwachsender Zwang zur kompetitiven Deregulierung und mithin ein allseitiger Verlust an politischer Regelungskompetenz oder der Zwang zur Verlagerung der Regelungszuständigkeit auf die Ebene transnationaler Verhandlungen – eine Beschränkung, die bisher auch für die Willensbildung in. den Europäischen Gemeinschaften noch überwiegend zutrifft.« (Scharpf 1992, S. 94).

103 »Das europäische Parlament ist (...) kein Repräsentationsorgan eines souveränen europäischen Volkes.« (Lissabon-Urteil des Bundesverfassungsgerichts 2009 [BVerfGE 123, 267 (379)], zitiert nach Grimm 2016, S. 72).

104 Preuß 2007, S. 324.

105 Schuppert 2007, S. 257.

106 Slaughter 2004, S. 266 f; Der Fairness zuliebe sei angemerkt, dass sie auch sanftere Ausdrucksformen dafür verwendet: Der Staat weiche nicht zurück, er verändere nur die Formen seiner Macht- bzw. Souveränitätsausübung (zit. nach Hale 2011, S. 7).

107 Cafaggi 2010, S. 37 ff.

108 Vogl 2015, S. 251.

109 Wie in dem bekannten Limerick:.

God's plan made a hopeful beginning.

But man spoiled his chances by sinning.

We trust that the story.

will end in God's glory.

But, at present, the other side's winning.

110 Ipsen 1990, S. 36.

111 Beck 2002, S. 220 f. und 223 (Hervorhebung im Original).

112 In dem Roman ›The Light and the Dark‹ (1962) beschreibt C. P. Snow die Arbeit eines politischen Komitees während des Zweiten Weltkriegs in London: »Es war in der Tat selten, dass eine politische Strategie in aller Klarheit bis zum Ende durchdacht wurde, obwohl ein paar Romantiker oder Verehrer ›großer Männer‹ sich das gern so vorstellten. Für gewöhnlich bildete sie sich aus tausend kleinen Arrangements, aus Ideen, Kompromissen und immer wieder ein bisschen ›Geben und Nehmen‹. Es gab nicht viel, was sich durch den Willen eines einzelnen Menschen entscheidend verändert hätte. Wie auch ein Plan für einen Feldzug nicht in fertiger Gestalt

dem Kopf eines genialen Generals entspringt; er entsteht vielmehr in einer Art brownscher Bewegung von Obersten und Majoren und Kommandanten, und das Beste, was der General tun kann, ist, das Ganze hinterher vernunftgemäß zu erklären.« (S. 291; eig. Übs.).

113 Grimm 2009, S. 115.
114 Pauwelyn 2012, S. 537 (»Guidelines«).
115 Pollack 2012, S. 246.
116 Grimm 2009, S. 104.
117 Berman 2012a, S. 35 f.
118 Teubner 2014, S. 12.
119 Cafaggi 2010, passim.
120 Cutler 1999, S. 4.
121 Haltern 2007, S. 77.
122 Kingsbury 2005; Michaels 2014, S. 245; Oeser 2014, S 390 ff; Slaughter, S. 31.
123 Genschel 2007; Schuppert 2010, S. 148 ff; Haltern 2007, S. 96.
124 Preuß 2007, S. 323 f.
125 Joschka Fischer, Des Albtraums erster Teil, in: *Süddeutsche Zeitung*, 29. Juni 2016, S. 2.
126 Dies und das Folgende: Zumbansen 2010, S. 146 ff. und 180 ff. mit zahlreichen Literaturangaben.
127 Ladeur 2007, S. 390 f.
128 Schuppert 2010, S 152 ff; wie zum Ausgleich seiner manchmal steilen Thesen stellt der Autor danach in der Bevölkerung auch ein Ansteigen der »Staatsgläubigkeit« fest. – Schon 1992 konstatierte Fritz W. Scharpf, dass die politikwissenschaftliche Demokratietheorie sich auf »die Realität der vielfach vernetzten und durch Verhandlungen handelnden Politik« noch nicht eingestellt habe und den »politisch verantwortlichen Funktionsträgern eine viel zu weitgehende »Ereignisbeherrschung« zuschrieben. (Scharpf 1992, S. 107).
129 Hier sei der Staat allein mit der Rechtsproduktion »überfordert«, daher – wie zu seiner eigenen Entlastung – die unzähligen »bodies« (Ortmann 2009, S. 221).
130 Schuppert 2007, S. 252.
131 Mendes 2012, S. 1014. Und weiter: »Dieser politische Effekt (...) verschärft die Legitimitätsprobleme, die sich aus einer Übernahme internationaler Entscheidungen ergeben, die die Standardverfah-

ren, die sonst durch EU-Recht anzuwenden sind, entleert.« – Siehe auch Stewart 2014, S 3.

132 Ausführlich dazu: Sassen 2006, S 409 f.

133 Beeindruckender formuliert nennt sich das »Pfadabhängigkeit«: »Regelpfade, die einmal eingeschlagen, nicht oder nicht leicht wieder verlassen werden können.« (Ortmann 2009, S. 221).

134 Der Begriff Governance hat keine deutsche Entsprechung. Versuche wie »Gubernanz« oder »Gouvernanz« waren bisher nicht erfolgreich.

135 BDI, Artikel, Global Governance – Gestaltung der Globalisierung. http://bdi.eu/artikel/news/global-governance-gestaltung-der-globalisierung/.

136 Heindecker 2011, S. 3.

137 »A ›Global Economic Government‹ in the Making?«, Friedrich Ebert Stiftung, Juni 2010 (http://library.fes.de/pdf-files/id/ipa/07284.pdf).

138 Ottmann 2012, S. 379 ff.

139 »Private governance«, »innovative transnational, governance institutions«: Hale 2011, S. 10 und 12.

140 Mommsen 1992, S. 102, S. 421.

141 Gibbon 2003, S. 93.

142 Mommsen 1974, S. 270.

143 »Wenn in der Völkergeschichte das schließlich entscheidende Moment das Mitthun des Bürgers bei dem Thun der Gemeinde ist, Gemeinsinn (...) die schönste Blüthe der bürgerlichen Selbstthätigkeit, so ist schon in der späteren Republik diese im Schwinden.« (Mommsen 1974, S. 275).

144 »Unmut regt sich (...) insbesondere in bezug auf die Vernachlässigung der nicht-wirtschaftlichen Dimensionen.« Die internationale Arbeitsteilung »mag ökonomisch richtig sein, stellt sich aber als kalte, rationalisierte und letztlich unmenschliche Theorie dar«. (Haltern 2005, S. 187).

145 Tormay 2015: »Es ist zu befürchten, dass [Rechtspopulisten] sich die Unzufriedenheiten mit der repräsentativen Politik zunutze machen, um ein Programm durchzusetzen, das das demokratische Engagement noch weiter mindern und den öffentlichen Diskurs noch weiter verschlechtern könnte, anstatt diese Problemfelder auf positive und konstruktivie Weise anzupacken.« (S. 95) Ähnlich

Christine Landfried und Robert Post, Schluss mit den Schönfärbe-
reien, in *Frankfurter Allgemeine Zeitung* 11. März 2017, S. 11.

146 Von einigen wird eine solche Rückeroberung zwar befürchtet, da
sie die »Steuerungsmöglichkeiten der Politik« dadurch minimiert
sehen. Die Befürchtung hält sich andererseite aber auch in Grenzen, denn »[d]ie Menschen sind nicht so, dass sie fortwährend mit-
wirken, teilhaben, partizipieren, sich engagieren und aktivieren
wollen«. Walter 2009, S. 117) Fügen wir hinzu: Sich von der Politik
»einbinden« lassen wollen sie schon gar nicht.

147 So beispielsweise Carol Harlow (Harlow 2002, S. 190): Sie will
zwar (wie Walter, vorige Anm.) die Bürger – in der EU – nicht über-
fordern und gesteht ihnen durchaus das Recht zu, einfach nur gut
regiert werden zu wollen, auch wenn sie die Details dem »politischen Management« überlassen; sie hofft aber gleichzeitig auf eine
künftig »lebhaftere europäische Zivilgesellschaft«, die den entsprechenden Druck auf die EU-Kommission ausüben wird und sie dadurch zu höherer Rechenschaftspflicht bringt.

148 Ausführlich in Takács 2013, S. 28 ff.

149 Ausführlich zu den Forderungen zivilgesellschaftlicher Transparenz,
Konsultation, Evaluation und Korrektur in der Frage »Was ist
Rechenschaftspflicht?«: Scholte 2011, S. 16 ff. Ebenso Scholte 2007,
passim.

150 Beispiele und die folgenden Kooperationsüberlegungen aus: Benvenisti 2011, S 12 ff.

151 Benevenisti 2011, S. 13.

152 Ein bizarres Überbleibsel aus der heute bedeutungslosen EU-USA-
Vereinbarung »New Transatlantic Agenda« von 1995 ist der sogenannte »Transatlantic Legislators' Dialogue«. Auch er sucht einen
freundlichen »Gedankenaustausch zu gemeinsam interessierenden Fragen«. Bis vor kurzem beschäftigte er sich hauptsächlich mit
reiner Wirtschaftsförderung (einschließlich der Werbung für TTIP),
neuerdings auch mit Terrorismus und Cyberkrieg.

153 Unterrichtung durch die deutsche Delegation in der Interparlamen-
tarischen Union – 134. Versammlung (...) vom 19. bis 23. März 2016
in Lusaka, Sambia, Bundestagsdrucksache 18/9498.

154 Horst Posdorf, International Parliamentary Cooperation (Vortrag,
Kambodscha), KAS St. Augustin 2008.

155 Rodrik 2001, S. 2.

156 Höpner et al. 2016. Die Autoren schlagen außerdem vor, »die Macht der Europa-Richter [zu] begrenzen«, und zwar durch eine Änderung des Europarechts. Einer der Autoren hatte diesen Gedanken 2008 in einer damals schärferen Form in die Debatte geworfen: »Der einzige Weg ist, dem EuGH nicht zu folgen.« Mit einer solchen »nationalen Nichtbefolgung« könnte ein Land, ohne die Unterstützung für die europäische Integration aufzukündigen, Widerstand leisten gegen eine zu weit getriebene Interpretation von Verträgen, die vor mehr als 50 Jahren geschlossen wurden (Scharpf 2008).

157 Ausführlich und systematisch dazu: Malorny 2011.

158 Rabhi 2011.

159 Sicher gehört David Graeber zu ihnen: »Die Theorie des Exodus schlägt vor, dass der effektivste Weg, dem Kapitalismus und dem liberalen Staat entgegenzutreten, nicht in der direkten Konfrontation besteht, sondern in der Praktizierung dessen, was Paul Virno ›engagierten Rückzug‹ genannt hat, den massenhaften Ausstieg aufseiten derjenigen, die zu neuen Formen von Gemeinschaft finden möchten.« (Graeber 2012, S. 77) Und bei einem Autor (Möller 2015, S. 207) finden wir die Erwähnung der drei Fälle der *secessio plebis*, deren erste im Jahr 494 v. Chr. in den nächsten Absätzen beschrieben wird.

160 Mommsen o. J., S. 269 f.

Literatur

Aaken, Anne van, Transnationales Kooperationsrecht in der Finanzmarktaufsicht, in: Christoph Möllers, Andreas Voßkuhle, Christian
Walter (Hrsg.), Internationales Verwaltungsrecht, Tübingen 2007.

Al-Darwish, Ahmed et al., Possible Unintended Consequences of Basel III
and Solvency II, International Monetary Fund 2011, IMF Working Paper WP/11/187.

Altenburger, Sven, Jessica Dedic, Jan Schoofs, Auf dem Weg zu »Mit-
mach-Parteien«? Herausforderungen und Maßstäbe guter Mitglie-
derbeteiligung, Regierungsforschung.de, NRW School of Governance,
Universität Duisburg-Essen, September 2015 (auch unter parteireform.
org).

Avant, Deborah D., Martha Finnemore, Susan K. Sell (eds.), Who
Governs the Globe?, Cambridge 2010.

Barr, Michael S., Geoffrey P. Miller, Global Administrative Law: A View
from Basel, in: European Journal of International Law 2007, vol. 17,
no. 1, S. 15–46.

Bauman, Zygmunt, Die Krise der Politik. Fluch und Chance einer neuen
Öffentlichkeit, Hamburg 2000.

Beck, Ulrich, Macht und Gegenmacht im globalen Zeitalter, Frankfurt
am Main 2002.

Beck, Ulrich, Das Deutsche Europa. Suhrkamp, Berlin 2012.

Benvenisti, Eyal, George W. Downs, National Courts Review of Transnational Private Regulation (January 17, 2011).
http://ssrn.com/abstract=1742452 oder http://dx.doi.org/10.2139/ssrn.
1742452

Berman, Ayelet, The Public-Private Nature of Harmonization Networks,

The Graduate Institute, Geneva, Centre for Trade and Economic Integration, CTEI Papers CTEI-2011–06, 2011.

Berman, Ayelet, Ramses Wessel, The International Legal Status of Informal International Law-making Bodies: Consequences for Accountability, in: Joost Pauwelyn, Ramses A. Wessel, Jan Wouters (eds.), Informal International Lawmaking, OUP, Oxford 2012a, S. 35–62.

Berman, Ayelet, The Role of Domestic Administrative Law in the Accountability of Transnational Regulatory Networks: The Case of the ICH, IRPA Global Administrative Law Working Papers, Working Paper 2012/1, 2012b.

Blühdorn, Ingolfur, Simulative Demokratie. Neue Politik nach der postdemokratischen Wende, edition suhrkamp 2634, Berlin 2013.

Böckenförde, Ernst-Wolfgang, Geschichte der Rechts- und Staatsphilosophie, Tübingen 2002.

Bogdandy, Armin von, Gubernative Rechtsetzung, Tübingen 1999.

Bogdandy, Armin von, Philipp Dann, Matthias Goldmann, Völkerrecht als öffentliches Recht. Konturen eines rechtlichen Rahmens für *Global Governance*, in: Forst, Rainer, Klaus Günther, Die Herausbildung normativer Ordnungen. Interdisziplinäre Perspektiven, Frankfurt, New York 2011, S. 227–264.

Bogdandy, Armin von, Ingo Venzke, In wessen Namen?, Berlin 2014.

Brenner, Michael, Peter M. Huber, Markus Möstl (Hrsg.), Der Staat des Grundgesetzes – Kontinuität und Wandel, Tübingen 2004.

Broß, Siegfried, Privatisierung öffentlicher Aufgaben: Gefahr für das Gemeinwohl?, in: Glanzlichter der Wissenschaft: ein Almanach, Stuttgart 2007, S. 25–33.

Broß, Siegfried, Freihandelsabkommen, einige Anmerkungen zur Problematik der privaten Schiedsgerichtsbarkeit, Hans-Böckler-Stiftung (Düsseldorf), Report Nr. 4, Januar 2015a.

Broß, Siegfried, TTIP und CETA. Überlegungen zur Problematik der geplanten Freihandelsabkommen der Europäischen Union mit den Vereinigten Staaten von Amerika und Kanada, SKD Schriftenreihe zur kommunalen Daseinsvorsorge, Heft 4, Berliner Wassertisch, Berlin (Juni) 2015b.

Broß, Siegfried, Überlegungen zu den Grundlagen von Staatenverbindungen, in: Volker Bouffier et al. (Hrsg.), Grundgesetz und Europa, Tübingen 2016, S. 29–42.

Broß, Siegfried, Wenn rechtsstaatlich-demokratische Ordnungsrahmen stören oder hinderlich sind – Überlegungen zur Entstehung von Parallelwelten, in: Festschrift Krüger, C. H.Beck, München 2017.

Cafaggi, Fabrizio, New Foundations of Transnational Private Regulation, EUI Working Papers, RSCAS 2010/53, Robert Schuman Center for Advanced Studies. European University Institute 2010.

Callies, Gralf-Peter (Hrsg.), Transnationales Recht, Tübingen 2014.

Cassese, S. et al., Global Administrative Law: Cases, Materials, Issues, IILJ, 2nd ed., 2008.

Cassese, S. et al., Global Administrative Law. The Casebook, Rome/New York 2012).

Cremer, Wolfram, Grundgesetzliche Bindungen des deutschen Vertreters bei Abstimmungen im Rat der Europäischen Union und ihre prozessuale Durchsetzbarkeit, in: Europarecht 49/2014, S. 195–231.

Crouch, Colin, Postdemokratie, edition suhrkamp 2540, Frankfurt am Main 2008.

Crouch, Colin, Das befremdliche Überleben des Neoliberalismus, Berlin 2011.

Cuniberti, Gilles, The Merchant Who would not be King: Unreasoned Fears about Private Lawmaking, in Watt 2014, S. 141–155.

Cutler, Claire, Virginia Haufler, Tony Porter, Private Authority and International Affairs, in dies. (eds.), Private Authority and International Affairs, New York 1999, S. 3–30.

Cutler, A. Claire, Private international regimes and interfirm cooperation, in: Rodney Bruce Hall, Thomas J. Biersteker, The Emergence of Private Authority in Global Governance, Cambridge 2002, S.23–42.

Dagron, Stéphanie, Global harnonization through public-private partnership: the case of pharmaceuticals, IRPA GAL Working Paper 2012/2. http://papers.ssrn.com/sol3/papers.cfm?abstract_id=1995035

Dasser, Felix, Mouse or Monster? Some Facts and Figures on the *lex mercatoria*, in: Zimmermann, Reinhard (Hrsg.), Globalisierung und Entstaatlichung des Rechts, Tübingen 2008, S. 129–158.

Davis, Christina L., Do WTO rules create a level playing field? Lessons from the experience of Peru and Vietnam, in: Odell 2006, S. 219–256.

De Ville, Ferdi, Gabriel Siles-Brügge, TTIP. Wie das Handelsabkommen den Welthandel verändert und die Politik entmachtet, Bielefeld 2016.

Dobelli, Rodney, Philip John Steenkamp, Public Management in a Borderless Economy, The Institute of Public Management of Canada, in:

International Review of Administrative Sciences, vol. 59, no. 4, 1993, S. 609–615.

Doehring, Karl, Allgemeine Staatslehre, 3. Aufl., Heidelberg 2004.

Eberl, Oliver, David Salomon (Hrsg.), Perspektiven sozialer Demokratie in der Postdemokratie, Wiesbaden 2017.

Eberlei, Walter, Christoph Weller, Deutsche Ministerien als Akteure von Global Governance. Eine Bestandsaufnahme der auswärtigen Beziehungen der Bundesministerien, INEF Report, Heft 51 /2001, Gerhard-Mercator-Universität Duisburg.

EP 2016: Entwurf eines Berichts über die Bewertung der IAS-Verordnung und die Tätigkeit der IFRS-Stiftung, der EFRAG und des PIOB (2016/0000 (INI)), Ausschuss für Wirtschaft und Währung, 12. Januar 2016.

EU-KOM, TTIP – Initial Provisions for Chapter [] – Regulatory Cooperation. Textual proposal. 4. Mai 2015.
http://trade.ec.europa.eu/doclib/docs/2015/april/tradoc_153403.pdf

EU-KOM 2016a: European Commission, C(2016) 1158 final, Commission Implementing Decision of 1.3.2016 (eig. Übs.), abrufbar unter http://ec.europa.eu/research/participants/data/ref/other_eu_prog/hp/wp/hp-workplan_2016_en.pdf

EU-KOM 2016b: European Commission, Public Report of the 14th Round of Negotiations for the Transatlantic Trade and Investment Partnership, Brüssel 4. August 2016. http://trade.ec.europa.eu/doclib/docs/2016/august/tradoc_154837.pdf

Fischer-Lescano, Andreas, Die Emergenz der Globalverfassung, in: Zeitschrift für ausländisches öffentliches Recht und Völkerrecht 63/2003, S. 717–760. http://www.zaoerv.de/63_2003/63_2003_3_a_717_760.pdf

Fischer-Lescano, Andreas, Globalverfassung. Die Geltungsbegründung der Menschenrechte, Weilerswist 2005.

Fischer-Lescano, Andreas, Mäßigung der Verhältnismäßigkeit. Whistleblowing im transnationalen Recht, in: Callies 2014, S. 435–453

Fischer-Lescano, Andreas, Günther Teubner, Regime-Kollisionen, stw 1803, Frankfurt am Main 2006.

Franzius, Claudio, Recht und Politik in der transnationalen Konstellation, Frankfurt am Main 2014.

Franzius, Claudio, Transnationalisierung des Europarechts, in: Callies 2014, S. 403–426.

Gehring, Thomas, Schutzstandards in der Welthandelsordnung. Die

Koppelung der WTO an standardsetzende internationale Institutionen, in: Brüggemeier, Gert (Hrsg.), Transnationalisierung des Rechts, Baden-Baden 2004, S. 89–114.

Genschel, Philipp, Bernhard Zangl, Die Zerfaserung von Staatlichkeit und die Zentralität des Staates, TranState Working Papers No. 62, Bremen 2007
http://epub.ub.uni-muenchen.de/13778/1/sfb_zerfaserung.pdf

Gibbon, Edward, Verfall und Untergang des römischen Imperiums, Bd. 1., dtv, München 2003.

Gilens, Martin, Benjamin I. Page, Testing Theories of American Politics: Elites, Interest Groups, and Average Citizens, in: Perspectives on Politics, September 2014, vol. No. 3, S. 564–581.

Glunk, Fritz (Hrsg.), Das MAI oder die Herrschaft der Konzerne. Die Veränderung der Welt durch das Multilaterale Abkommen über Investitionen, München 1998.

Glunk, Fritz, Der sterbende Staat und die Abschaffung der Demokratie, in: DIE GAZETTE 47, Herbst 2015a, S. 51–55.

Glunk, Fritz, TTIP: Die Selbstaufgabe des Staates, in: Blätter für deutsche und internationale Politik 11'15 (2015b), S. 14–16.

Godt, Christine, »Trade and Environment« – Das NAFTA-Umweltabkommen NAAEC als Modell für transnationale Politikintegration zwischen WTO und EU?, in: Joerges, Christian et al. (Hrsg.), Josef Falke zum 65. Geburtstag, Bremen, Zentrum für Europäische Rechtspolitik, 2014, S. 111–135.
https://www.jura.uni-bremen.de/lib/download.php?file=0f5128706e.pdf&filename=DP%201_2014.pdf

Godt, Christine, Wirtschaft und Umwelt im Partnerschaftsabkommen der USA und Europa (TTIP) – Lehren aus dem NAFTA-Umweltvertrag von 1991 für zukünftige Freihandels- und Investitionsschutzabkommen, Zeitschrift für Umweltrecht 7–8/2014, S. 403–414.
https://www.uni-oldenburg.de/fileadmin/user_upload/wire/fachgebiete/eurowr/download/Wirtschaft_und_Umwelt_im_Partnerschaftsabkommen_der_USA_und_Europa__TTIP_.pdf

Graeber, David, Frei von Herrschaft. Fragmente einer anarchistischen Anthropologie, 2. Aufl., Wuppertal 2012.

Grant, Ruth W., Robert O. Keohane, Accountability and Abuses of Power, IILJ Working Papers 2004.
http://www.iilj.org/courses/documents/hc2004.keohane.grant.pdf

Greven, Michael Th., Zukunft oder Erosion der Demokratie, in: Hanna Kaspar et al. (Hrsg.), Politik – Wissenschaft – Medien. Festschrift für Jürgen W. Falter, Wiesbaden 2009, S. 411–428.

Grimm, Dieter, Souveränität. Herkunft und Zukunft eines Schlüssel-begriffs, Berlin 2009.

Grimm, Dieter, Europa ja – aber welches? Zur Verfassung der europäischen Union, München 2016.

Habermas, Jürgen, Der europäische Nationalstaat – Zu Vergangenheit und Zukunft von Souveränität und Staatsbürgerschaft, in: Die Einbeziehung des Anderen. Studien zur politischen Theorie, stw 1444, Frankfurt am Main 1996, S. 128–153.

Habermas, Jürgen, Die postnationale Konstellation. Politische Essays, Frankfurt 1998.

Habermas, Jürgen, Der Europäische Nationalstaat unter dem Druck der Globalisierung, in: Blätter für deutsche und internationale Politik 4/1999, 1999, S. 425–436.

Habermas, Jürgen, Hat die Konstitutionalisierung des Völkerrechts noch eine Chance?, in: Christoph Broszies, Henning Hahn (Hrsg.), Globale Gerechtigkeit, Frankfurt am Main. 2010, stw 1969, S. 373–403).

Hale, Thomas, David Held (eds.), Handbook of Transnational Governance. Institutions & Innovations, Cambridge 2011.

Haltern, Ulrich, Europarecht und das Politische, Tübingen 2005.

Haltern, Ulrich, Was bedeutet Souveränität?, Tübingen 2007.

Harlow, Carol, Accountability in the European Union, Oxford 2002.

Harlow, Carol, The Concepts and Methods of Reasoning of the New Public Law Legitimacy, LSE Law, Society and Economy Working Papers 19/2010.
http://eprints.lse.ac.uk/32891/1/WPS2010-19_Harlow.pdf

Hase, Friedhelm, Transnationale Standards in der gesundheitlichen Versorgung. Das Gesundheitsrecht und die Entstehung eines globalen medizinisch-gesundheitlichen Wissensmanagement, in: Callies 2014, S. 427–456.

Haußner, Stefan, Mobilisierung durch Populismus? Auswirkungen rechtspopulistischer Parteien auf die Wahlbeteiligung mit Blick auf die Bundestagswahl 2017, in: Bayerische Landeszentrale für politische Bildungsarbeit (Hrsg.), Einsichten + Perspektiven. Bayerische Zeitschrift für Politik und Geschichte 1/17 (2017), S. 4–17.

Heinbecker, Paul, The Future of the G20 and its Place in Global Governance, CIGI, Centre for International Governance, G20 Papers, no. 5, April 2011 (http://www.heinbecker.ca/Writing/CIGI-G20Paperno5. pdf).

Hillgenberg, Hartmut, A Fresh Look at Soft Law, in: European Journal of International Law 10 (1999), No. 3, S. 499–513.
http://www.ejil.org/pdfs/10/3/597.pdf.

Hirsch, Michael, Die zwei Seiten der Entpolitisierung. Zur politischen Theorie der Gegenwart, Stuttgart 2007.

Hirsch, Michael, Soziale Ungleichheit und Entdemokratisierung, in DIE GAZETTE 43, Herbst 2014, S. 47–49.

Hockin, Thomas A., The World Trade Organization, the North American Free Trade Agreement, and the Challenge of Sustainable Development, in: John J. Kirton et al. (eds.), Hard Choices, Soft Law: Voluntary Standards in Global Trade, Environment and Social Governance, Aldershot 2004.

Hofmann Herwig C. H., Alexander Türk, Die Ausübung übertragener Normsetzungsbefugnisse durch die Europäische Kommission – Verfahrensrecht in einer neuen Dimension, Zeitschrift für Gesetzgebung, Bd. 27, 2012, S. 105–137.

Höpner, Martin, Armin Schäfer (Hrsg.), Die politische Ökonomie der europäischen Integration, Frankfurt/New York 2008.

Höpner, Martin, Fritz Scharpf, Wolfgang Streeck, Europa braucht die Nation, in: DIE ZEIT Nr. 39, 15. September 2016, S. 20.

Ipsen, Knut, Völkerrecht. 2. Aufl., München 1990.

Jena, G. B., C. L. Kaul, P. Ramarao, Regulatory requirements and ICH guidelines on carcinogenicity testing of pharmaceuticals: A review on current status, in: Indian Journal of Pharmacology, Vol. 37, No. 4, July-August, 2005, pp. 209–222 (http://www.bioline.org.br/request?pho5056).

Kadelbach, Stefan, Klaus Günther (Hrsg.), Recht ohne Staat? Zur Normalität nichtstaatlicher Rechtsetzung, Frankfurt am Main/New York 2011.

Kimmel, Jens, The Industrial Emissions Directive. The democratic quality of a new mode of governance, Universität Amsterdam 2014; http://dare.uva.nl/cgi/arno/show.cgi?fid=546887

Kingsbury, Benedict et al., The Emergence of Global Administrative Law, NYU School of Law, Institute for International Law, 2005.
http://iilj.org/GAL/documents/theemergenceofglobaladministrative-law.pdf

Kirchhof, Paul, Der Verlust des Rechts als Gefahr für Europa, in: Politische Studien 65 (2014), H. 454, S. 33–41.

Kleine, Mareike, Informal Governance in the European Union: How Governments Make International Organizations Work, Ithaca, London 2013.

Knauff, Matthias, Der Regelungsverbund: Recht und Soft Law im Mehrebenensystem, Tübingen 2010 (Folien).
http://www.uni-potsdam.de/u/governance/Programm/Ringvorlesung/Global%20Economic%20Governance.pdf

Knieper, Rolf, Nationale Souveränität. Versuch über Ende und Anfang einer Weltordnung, Frankfurt am Main, 1991.

Knop, Sonja, Klinische Prüfungen mit Arzneimitteln in der Schwangerschaft, Göttinger Schriften zum Medizinrecht, Band 20, Universitätsverlag Göttingen 2015.

Korkea-aho, Emilia, Adjudicating New Governance. Deliberative Democracy in the European Union, New York 2015.

Krajewski, Markus, Global Economic Governance: Akteure, Instrumente und Strukturprobleme, GKMG-Ringvorlesung am 13. Juli 2005 (Folien).

Krisch, Nico, Beyond Constitutionalism: The Pluralist Structure of Postnational Law, Oxford University Press 2010.

Kulischer, Josef, Allgemeine Wirtschaftsgeschichte des Mittelalters und der Neuzeit, Bd. I, Darmstadt 1971.

Ladeur, Karl-Heinz, Die Internationalisierung des Verwaltungsrechts: Versuch einer Synthese, in: Möllers 2007, S. 375–394.

Ladeur, Karl-Heinz, Die Evolution des allgemeinen Verwaltungsrechts und die Emergenz des globalen Verwaltungsrechts, in: Callies 2014, S. 369–386.

Lammert, Norbert, Weder machtlos noch allmächtig. Der deutsche Parlamentarismus zwischen normativen Erwartungen und politischen Realitäten, Antrittsvorlesung, Ruhr-Universität, 8. Februar 2008 (http://www.norbert-lammert.de/01-lammert/texte2.php?id=58).

Laumen, Anne, Andreas Maurer, Jenseits des »Permissive Consensus«. Bevölkerungsorientierungen gegenüber Europäischer Integration im Wandel?, Diskussionspapier der Forschungsgruppe EU-Integration, Universität Münster, 12. August 2006.

Lederer, Markus, Philipp S. Müller, Criticizing Global Governance, New York / Houndsville, Basingstoke (UK) 2005.

Levi-Faur, David (ed.), Oxford Handbook of Global Governance, Oxford 2012.

Lobel, Orla, New Governance as Regulatory Governance, in: Levi-Faur 2012, S. 65–82.

Lukas, Karin, Astrid Steinkellner, Ludwig Boltzmann, Sozialnormen in Nachhaltigkeitskapiteln bilateraler Freihandelsabkommen, Arbeiterkammer Wien, Juni 2010.
(https://media.arbeiterkammer.at/wien/PDF/studien/Studie_Nachhaltigkeit.pdf).

Maestre, Joseph de, Von der Souveränität (1794), Berlin 2000.

Magetti, Martino, Legitimacy and Accountability of Independent Regulatory Agencies: A Critical Review, in: Living Reviews in Democracy, vol. 2, 2010, S. 1–9.

Mair, Peter, Ruling the Void. The Hollowing of Western Democracy, London/New York 2013.

Malorny, Stefan, Exekutive Vetorechte im deutschen Verfassungssystem, Göttinger Schriften zum Öffentlichen Recht, Göttingen 2011.

Martens, Wil, Demokratie für transnationale Regimes, in: Hahn, Kornelia, Andreas Langenohl (Hrsg.), Kritische Öffentlichkeiten – Öffentlichkeiten in der Kritik, Heidelberg 2016, S. 23–58.

Mason, Paul, Postkapitalismus, Berlin 2016.

Maus, Ingeborg, Verfassung und Verfassungsgebung. Zur Kritik des Theorems einer »Emergenz« supranationaler und transnationaler Verfassungen, in: Regina Kreide et.al. (Hrsg.), Staatliche Souveränität und transnationales Recht, München/Mehring 2010, S. 27–70.

Mendes, Joana, EU law and global regulatory regimes: Hollowing out procedural standards?, in: International Journal of Constitutional Law, 2012, vol. 10, no. 4, S. 988–1022.

Michaelis, Ralf, On Liberalism and Legal Pluralism, Typescript, Cambridge University Press, 2014.

Milanovic, Branko, Global Inequality. A New Approach für the Age of Globalization, Cambridge (MA) London 2016.

Möller, Kolja, Formwandel der Verfassung, Bielefeld 2015.

Möller, Kolja, Formwandel des Konstitutionalismus, in: Eberl 2017, S. 179–205.

Möllers, Christoph, Andreas Voßkuhle, Christian Walter (Hrsg.), Internationales Verwaltungsrecht – Eine Analyse anhand von Referenzgebieten, Tübingen 2007.

Mommsen, Theodor, Römische Geschichte, Bd. I, Deutsche Buchgemeinschaft Berlin o. J. (1856).

Mommsen, Theodor, Abriß des römischen Staatsrechts, Darmstadt 1974 (1907).

Mommsen, Theodor, Römische Kaisergeschichte, hrsg. v. Barbara und Alexander Demandt, München 1992.

Nanz, Patrizia, Claus Leggewie, Die Konsultative. Mehr Demokratie durch Bürgerbeteiligung, Bundeszentrale für politische Bildung, Schriftenreihe Bd. 1724, Bonn 2016.

Odell, John S. (ed.), Negotiating Trade, Cambridge 2006.

Oeser, Stefan, Vom Völkerrecht zum transnationalen Recht – »transnational administrative networks« und die Bildung hybrider Akteursstrukturen, in: Callies 2014, S. 387–402.

Ohler, Christoph, Internationale Regulierung im Bereich der Finanzmarktaufsicht, in: Möllers 2007, S. 257–276.

Ortmann, Günther, Management in der Hypermoderne. Kontingenz und Entscheidung, Wiesbaden 2009.

Ottmann, Henning, Geschichte des politischen Denkens, Bd. 4/1, Das 20. Jahrhundert, Stuttgart/Weimar 2010.

Ottmann, Henning, Geschichte des politischen Denkens, Bd. 4/2, Das 20. Jahrhundert, Stuttgart/Weimar 2012.

Pauwelyn, Joost, Ramses A. Wessel, Jan Wouters (eds.) Informal International Lawmaking. Oxford University Press 2012.

Penikas, Henry, History of Banking Regulation as Developed by the Basel Committee on Banking Supervision 1974–2014, in: Banco de España (ed.), Estabilidad Financiaria 05/2015, S. 9–48.

Peukert, Helge, Die große Finanzmarkt- und Staatsschuldenkrise. Eine kritisch-heterodoxe Untersuchung, 3. Aufl., Marburg 2011.

Peukert, Helge, Das Moneyfest. Ursachen und Lösungen der Finanzmarkt- und Staatsschuldenkrise, 2. Aufl., Marburg 2015.

Pohlmann, Christoph et al., The G-20: A »Global Economic Government« in the Making?, International Policy Analyses, FES, June 2010, http://library.fes.de/pdf-files/id/ipa/07284.pdf

Pollack, Mark A., Gregory C. Shaffer, The Interaction of Formal and Informal Lawmaking, in: Pauwelyn 2012, S. 241–270.

Poulsen, Lauge N. Skovgaard, Sacrificing Sovereignty by Chance. Investment Treaties, Developing Countries, and Bounded Rationality, Diss., LSE, 2011 (http://etheses.lse.ac.uk/141/).

Preuß, Ulrich K., Souveränität – Zwischenbemerkungen zu einem Schlüsselbegriff des Politischen, in: Stein 2007, S. 313–336.

Rabhi, Pierre, Vers la sobriété heureuse, Basel 2010.

Radbruch, Gustav, Rechtsphilosophie. Vierte Auflage. Nach dem Tode des Verfassers besorgt und biographisch engeleitet von D. Dr. Erik Wolf, Stuttgart 1950.

Radbruch, Gustav, Einführung in die Rechtswissenschaft, 9. Aufl., Stuttgart 1958.

Rendueles, César, Globale Regression und postkapitalische Gegenbewegungen, in: Heinrich Geiselberger (Hrsg.), Die große Regression. Eine internationale Debatte über die geistige Situation der Zeit, Berlin 2017, S. 233-252.

Renner, Moritz, Transnationalisierung in Wirtschaft, Recht und Gesellschaft, in: Callies 2014, S. 225–237.

Rasolt, Constantin, Quod omnes tangit ab omnibus approbari debet, in: In Iure Veritas: Studies in Canon Law in Memory of Schafer Williams, University of Cincinnati, College of Law 1991, S. 21–55.

Reif-Spirek, Peter, AfD oder: Die Krise der Repräsentation, in Blätter für deutsche und internationale Politik 5/2016, S. 25–28.

Rendueles, César, Soziophobie, edition suhrkamp 2690, Berlin 2015.

Renner, Moritz, Transnationalisierung in Wirtschaft, Recht und Gesellschaft, in Callies 2014, S. 225–238.

Riles, Anneliese, The Anti-Network: Private Global Governance, Legal Knowledge and the Legitimacy of the State (2008), Cornell Law Faculty Publication, Paper 36.

Rodrik, Dani, The Global Governance of Trade as if Development Really Mattered, John F. Kennedy School of Government, Cambridge 2001. http://www.giszpenc.com/globalciv/rodrik1.pdf.

Rodrik, Dani, Das Globalisierungsparadox. Die Demokratie und die Zukunft der Weltwirtschaft, München 2011.

Rosanvallon, Pierre, La contre-démocratie. La politique à l'âge de la défiance, Paris 2006.

Rosanvallon, Pierre, Le parlement des invisibles, Paris 2014.

Rosanvallon, Pierre, Die gute Regierung, Hamburg 2016.

Rothstein, Bo, Good Governance, in: Levi-Faur 2012, S. 143–154.

Sabel, Charles F., Jonathan Zeitlin, Experimentalist Governance in the European Union, OUP, Oxford 2010.

Sassen, Saskia (ed.), Deciphering the Global, New York, N. Y., 2007.

Sassen, Saskia, Territory. Authority. Rights, Princeton/Oxford 2006 (dt.: Das Paradox des Nationalen, Frankfurt am Main 2008).

Saul, John Ralston, Das MAI und die Demokratie, in: Glunk 1998, S. 191–199.

Schäfer, Armin, Wolfgang Streeck, Korporationen in der europäischen Union, in: Höpner 2008, S. 205–240.

Schäfer, Armin, Der Verlust politischer Gleichheit. Warum die sinkende Wahlbeteiligung der Demokratie schadet, Schriften aus dem Max-Planck-Institut für Gesellschaftsforschung, Frankfurt/New York 2015.

Scharpf, Fritz W., Demokratietheorie zwischen Utopie und Anpassung. Konstanz: Universitätsverlag 1970.

Scharpf, Fritz W., Die Handlungsfähigkeit des Staates am Ende des Zwanzigsten Jahrhunderts, in: Beate Kohler-Koch (Hrsg.), Staat und Demokratie in Europa. 18. Wissenschaftlicher Kongress der Deutschen Vereinigung für Politische Wissenschaft, Opladen 1992, S. 93–115.

Scharpf, Fritz W., Legitimationskonzepte jenseits des Nationalstaats, MPIfG Working Paper 04/06, November 2004.
http://www.mpifg.de/pu/workpap/wp04-6/wp04-6.html

Scharpf, Fritz W., »Der einzige Weg ist, dem EuGH nicht zu folgen«, in: Die Mitbestimmung 54 (7+8), Hans Böckler Stiftung, Düsseldorf 2008, S. 18–23.

Scharpf, Fritz W., After the Crash. A Perspective on Multilevel European Democracy, Max-Planck-Institut für Gesellschaftsforschung, MPIfG Discussion Paper 14/21, Köln 2014. Abrufbar unter http://www.mpifg.de/pu/mpifg_dp/dp14-21.pdf

Schmitt, Carl, Starker Staat und gesunde Wirtschaft [1932], in: Maschke, Günter (Hrsg.) Carl Schmitt, Staat, Großraum, Nomos. Arbeiten aus den Jahren 1931–1969, Berlin 1995, S. 71–91.

Scholte, Jan Aart, Civil Society and the Legitimation of Global Governance, CSGR Working Paper No. 223/07, March 2007. http://www.world-governance.org/IMG/pdf_Scholte_Jan_Aart_-_Civil_Society_and_the_Legitimation_of_Global_Governance.pdf

Scholte, Jan Aart, Global governance, accountability and civil society, in: Scholte, Jan Aart (ed.), Building Global Democracy?, Cambridge 2011, S. 8–41.

Scholz, Rupert, Europa: Ende der nationalen Demokratie, in: FOCUS Nr. 22, 2013, http://www.focus.de/politik/ausland/eu/tid-31803/politik-europa-ende-der-nationalen-demokratie_aid_998697.html

Schumpeter, Joseph A., Kapitalismus, Sozialismus und Demokratie, 3. Aufl., München 1972.

Schuppert, Gunnar F., Souveränität – Überholter Begriff, wandlungsfähiges Konzept oder »Born 1567, but still going strong«?, in: Stein 2007, S. 251–269.

Schuppert, Gunnar Folke, Staat als Prozess, Frankfurt am Main/New York, 2010.

Schuppert, Gunnar Folke, Governance und Rechtsetzung, Baden-Baden 2011.

Schwarze, Jürgen, Soft Law im Recht der europäischen Union, in: Europarecht 1 (2011), S. 3–18; http://www.europarecht.nomos.de/fileadmin/eur/doc/Aufsatz_EuR_11_01.pdf

Slaughter, Anne-Marie, A New World Order, Princeton University Press, Princeton 2004.

Spindler, Gerald, Transnationalisierung und Renationalisierung des Rechts im Internet, in: Callies 2014, S. 193–222.

Stegbauer, Christian, Roger Häußling (Hrsg.), Handbuch Netzwerkforschung, Wiesbaden 2010.

Stein, Tine, Hubertus Buchstein, Claus Offe (Hrsg.), Souveränität, Recht, Moral, Frankfurt am Main/New York 2007.

Stein, Torsten, Christian von Buttlar, Völkerrecht, 13. Aufl., München 2012.

Stewart, Richard B., Adressing Problems of Disregard in Global Regulatory Governance: Accountability, Participation and Responsiveness, IILJ, International Working Papers 2014. http://www.iilj.org/publications/documents/RBStewartDisregardArticle.pdf

Takács, Tamara, Andrea Ott, Angelos Dimopoulos, Linking Trade and Non-Commercial Interests: The EU as a Global Role Model?, Cleer Working Papers 2013/4 T.M.C. Asser Institute, The Hague 2013. http://www.asser.nl/media/1639/cleer_13-4_web.pdf

Vander Stichele, Myriam, Financial Regulation in the European Union. Mapping EU Decision Making Structures on Financial Regulation and Supervision, eurodad.org 2008 (http://www.eurodad.org/uploadedfiles/whats_new/reports/eumapping_financial_regulation_final.pdf).

Weyer, Johannes, Netzwerke in der Techniksoziologie. Karriere und aktueller Stellenwert eines Begriffs, in: Stegbauer 2010, S. 847–855.

Teubner, Gunther, Globale Bukowina, in: Rechtshistorisches Journal 15, 1996, S. 255–290.

Teubner, Gunther, Transnationale Wirtschaftsverfassung: *Franz Böhm* und *Hugo Sinzheimer* jenseits des Nationalstaats, in: Zeitschrift für ausländisches öffentliches Recht und Völkerrecht 74/2014, S. 1–28 [Rezension].
http://www.jura.uni-frankfurt.de/51733291/Bo_hm_SinzheimerLang fassung.pdf

Tietje, Christian, Kommentar zum Beitrag von Ekkehart Reiner »Transnationales Steuerrecht«, in: Christoph Möllers, Andreas Voßkuhle, Christian Walter (Hrsg.), Internationales Verwaltungsrecht, Tübingen 2007, S. 209–218.

Tietje, Christian, Transnationalisierung des Wirtschaftsrechts, in: Callies 2014, S. 239–256.

Tomuschat, Christian, Christian Walter, Völkerrecht. Textsammlung, 7. Aufl. 2016.

Tormay, Simon, Vom Ende der repräsentativen Politik, Hamburger Edition, Hamburg 2015.

Viellechner, Lars, Was heißt Transnationalität im Recht?, in: Callies 2014, S. 57–76.

Vogl, Joseph, Der Souveränitätseffekt, Zürich/Berlin 2015.

Walter, Franz, Im Herbst der Volksparteien? Eine kleine Geschichte von Aufstieg und Rückgang politischer Massenintegration, Bielefeld 2009.

Watner, Carl, *Quod omnes tangit*: Consent Theory in the Radical Libertarian Tradition of the Middle Ages, in: Journal of Libertarian Studies, vol. 19, no. 2 (Spring 2005), S. 67–85.

Watt, Horatio Muir, Diego P. Fernandez Arroyo, Private Law and Global Governance, Oxford University Press, Oxfort 2014.

Willke, Helmut, Heterotopia. Studien zur Kritik der Ordnung moderner Gesellschaften, stw 1658, Frankfurt am Main 2003.

Winter, Gerd, Transnationale informelle Regulierung: Gestalt, Effekte und Rechtsstaatlichkeit, in: Callies 2013, S. 95–112.

Wold, Chris, Evaluating NAFTA and the Commission for Environmental Cooperation. Lessons for Integrating Trade and Environment in Free Trade Agreements, Saint Louis University Public Law Review 28 (2008); http://www.slu.edu/Documents/law/PLR/Archives/PLR28-1_Wold_Article.pdf

Wunderlich, Jens-Uwe, David J. Bakley, The European Union and Global Governance. A Handbook, London/New York 2011.

Zimmer, Reingard, Das Nachhaltigkeitskapitel im bilateralen Freihandelsabkommen der EU mit Kolumbien und Peru (Gutachten),WSI, Hans Böckler Stiftung, Düsseldorf 2014.

Zumbansen, Peer, Transnational Legal Pluralism, in: Transnational Legal Theory, vol. 1, No. 2 (2010), S. 141–189.

Zumbansen, Peer, Administrative Law's Global Dream: Path Dependencies and Political Economics [Rezension von Cassese 2012]. http:// www.europeanlawbooks.org/reviews/getFile.asp?id=773).

Lebensgeschichten und Erinnerungen
Biographien bei dtv

Jutta Rosenkranz
Mascha Kaléko
Biografie
ISBN 978-3-423-**34671**-9
Die Autorin lässt in ihrer faktenreichen Biografie eine der beliebtesten deutschsprachigen Lyrikerinnen, die Lebenskünstlerin Kaléko, lebendig werden. »Eine große Biografie.« *Der Spiegel*

Helmut Koopmann
**Thomas Mann –
Heinrich Mann**
Die ungleichen Brüder
Mit s/w-Abbildungen
ISBN 978-3-423-**34858**-4
Eine anregende Doppelbiografie. Mit souveräner Kennerschaft schildert der Autor die komplexe Beziehung des Brüderpaares.

Marie-Luise von der Leyen
Max Mannheimer
Drei Leben
Erinnerungen
ISBN 978-3-423-**34841**-6
Als Zeitzeuge des Holocaust wurde Max Mannheimer für seinen Kampf gegen das Vergessen vielfach ausgezeichnet. Hier erzählt er zum ersten Mal die ganze Geschichte seines Lebens.

Gunter Hofmann
**Willy Brandt und
Helmut Schmidt**
Geschichte einer schwierigen Freundschaft
ISBN 978-3-423-**34860**-7
Die wechselvolle Beziehung der Weggefährten, Kanzler und Rivalen, die zugleich die deutsche Geschichte des 20. Jahrhunderts widerspiegelt.

Fritz Stern
**Fünf Deutschland und
ein Leben**
Erinnerungen
Übers. v. F. Griese
ISBN 978-3-423-**34561**-3
»Ein weises und tief berührendes Buch der Erinnerungen.« *Louis Begley*

Jörg Magenau
Schmidt – Lenz
Geschichte einer Freundschaft
Mit 51 s/w-Abbildungen
ISBN 978-3-423-**34868**-3
Ein einfühlsames Porträt einer einzigartigen Verbindung des Politikers Helmut Schmidt und des Literaten Siegfried Lenz, eine Beziehung, die geprägt war von gegenseitigem Respekt und Bewunderung.

Bitte besuchen Sie uns im Internet: www.dtv.de

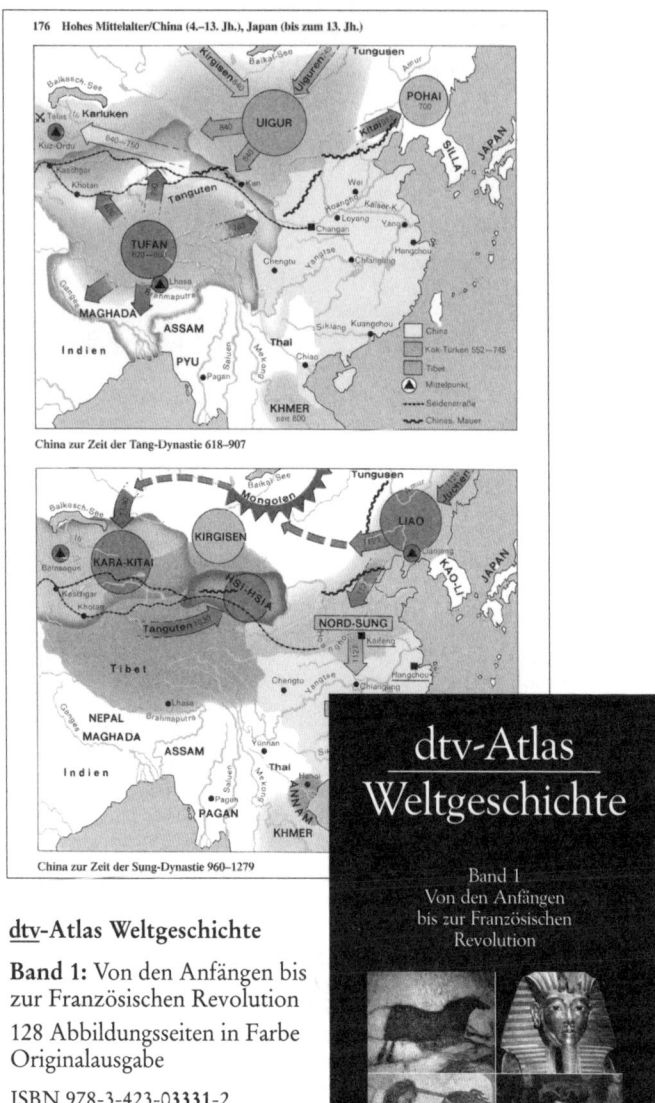

China zur Zeit der Tang-Dynastie 618–907

China zur Zeit der Sung-Dynastie 960–1279

dtv-Atlas Weltgeschichte

Band 1: Von den Anfängen bis zur Französischen Revolution

128 Abbildungsseiten in Farbe Originalausgabe

ISBN 978-3-423-03331-2

Bitte besuchen Sie uns im Internet: www.dtv.de

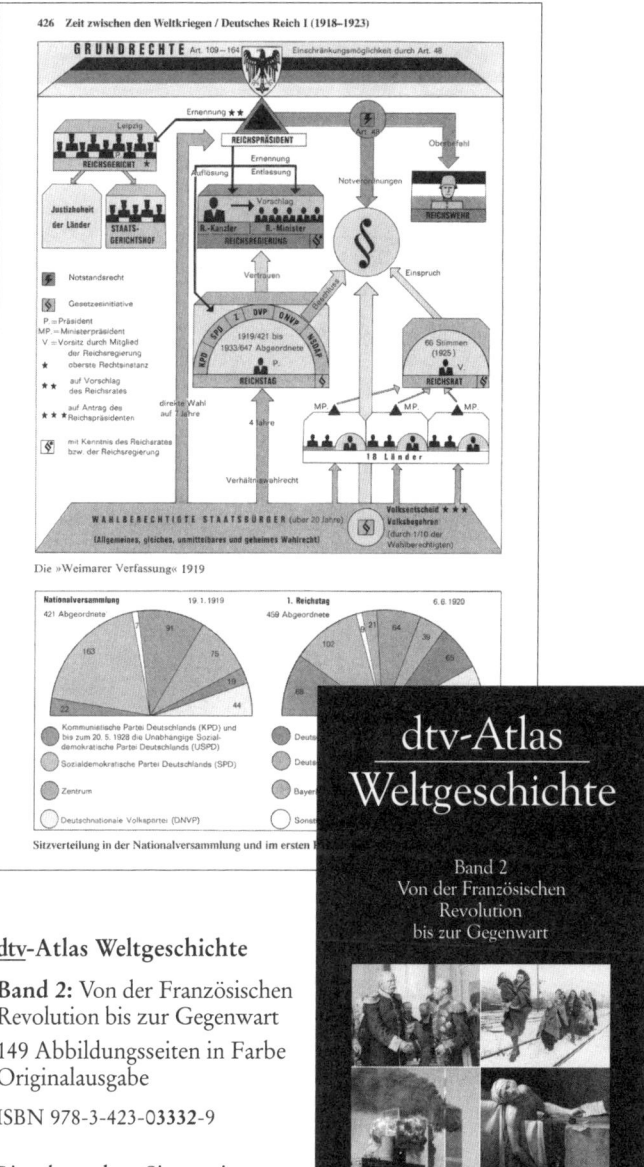

Die »Weimarer Verfassung« 1919

Sitzverteilung in der Nationalversammlung und im ersten Reichstag

dtv-Atlas Weltgeschichte

Band 2: Von der Französischen Revolution bis zur Gegenwart

149 Abbildungsseiten in Farbe
Originalausgabe

ISBN 978-3-423-03332-9

Bitte besuchen Sie uns im
Internet: www.dtv.de

dtv-Atlas
Weltgeschichte

Band 2
Von der Französischen
Revolution
bis zur Gegenwart

Neue erweiterte Ausgabe

0163927 4704
Won